U1005335

二十世纪简史

[美] 约翰·卢卡斯　著　By John Lukacs
闫亚婷　译

A Short History of the Twentieth Century

新世界出版社
NEW WORLD PRESS

图书在版编目（CIP）数据

二十世纪简史 /（美）卢卡斯著；闫亚婷译.
-- 北京：新世界出版社，2016.7
ISBN 978-7-5104-5670-1

Ⅰ.①二… Ⅱ.①卢… ②闫… Ⅲ.①世界史－20 世纪
Ⅳ.① K15

中国版本图书馆CIP数据核字(2016)第097023号

著作权合同登记号：图字01-2015-4424号
A SHORT HISTORY OF THE TWENTIETH CENTURY
Copyright © 2013 By JOHN LUKACS
This edition arranged with GEORGES BORCHARDT, INC (THE BORCHARDT AGENCY)
Through BIG APPLE AGENCY, INC., LABUAN, MALAYSIA.
Simplified Chinese edition copyright ©2016 New World Press Limited
All rights reserved

二十世纪简史

作　　者：[美] 约翰 · 卢卡斯　著
译　　者：闫亚婷
责任编辑：熊文霞
责任印制：李一鸣　黄厚清
出版发行：新世界出版社
社　　址：北京西城区百万庄大街 24 号（100037）
发 行 部：（010）6899 5968　（010）6899 8705（传真）
总 编 室：（010）6899 5424　（010）6832 6679（传真）
http://www.nwp.cn
http://www.nwp.com.cn
版 权 部：+8610 6899 6306
版权部电子信箱：nwpcd@sina.com
印　　刷：北京中印联印务有限公司
经　　销：新华书店
开　　本：710mm × 1000mm　1/16
字　　数：149 千字　印张：12.5
版　　次：2016 年 7 月第 1 版　2016 年 7 月第 1 次印刷
书　　号：ISBN 978-7-5104-5670-1
定　　价：30.00 元

版权所有，侵权必究
凡购本社图书，如有缺页、倒页、脱页等印装错误，可随时退换。
客服电话：（010）6899 8638

目　录

第一章

“上帝以曲代直”

◆

“世纪”—美国的世纪—德国的可能性—希特勒的主要角色—1989 年还是 1945 年？—超级大国美国登场—斯大林以及苏联权力的消退—殖民主义的结束—中国的复苏与崛起—现代或是欧洲世纪的终结—从自由民主主义到普遍的人民主权论

◆

据我所知并没有特别庄重记录 20 世纪历史的书籍，而我本人写作此书的目的也并非要弥补这个空缺。在我一生的大部分时间里，我都生活在 20 世纪，是这个时代的参与者，同时也是一名历史学家。我穷其一生所主张、教导和撰写的“客观”且“科学”的历史也并不是绝对正确的，而是“主观”的历史。对于认知者和被认知者，几乎与所有的人类知识一样，我们所掌握的历史知识都是个人的体会，并不可能完全一致，但是也不会，且更不可能完全相悖。虽然我们并没有全然掌握真相，但必须坚持追求真相。因为很多看起来不完整的关于 20 世纪历史的真相仍然值得追求，或许将成为永久的追求。

理论叙述到此为止。历史知识的反对与理解取决于描述而非定义。历史知识是由基于事实的词语和句子组成，而不是被包装的事实。“太初有道”，而“道”也将会在世界的尽头。

关于“century”一词，大约出现在1650年的英国和法国，那时才有了现今所表达的意思，在此之前在拉丁语中意指百人团（centuria与centrion相互关联，意指百人队队长）。新含义的出现，以及Ancient（古代）、Middle（中间）、Modern（现代）三个与历史阶段相关的词的出现都标志着历史意识的形成。中世纪的人们并不知道自己是中世纪的人。他们只知道事物正在改变，一些变得更糟，另一些变得更好，事实的确如此。由荷兰历史学家约翰·赫伊津哈所著的《中世纪的衰落》于1920年出版。在此五年前，无人或者说极少有人能理解题目的意思。在20世纪，我们的历史意识已经以多种方式和形式在进步了，以至于越来越多的人不知不觉地意识到我们正生活在中世纪的衰退中。同时，20世纪也意味着欧洲时代的终结，这也是本书的另外一个主题或者说是本书的次主题。现在，我们从历史而非数字的角度补充一下，20世纪是一个短暂的世纪，从1914年至1989年一共75年，主要标志即两次世界大战（很可能是最后一次世界大战）、共产主义革命和苏联国家的影响，后者到1989年已经变得摇摇欲坠。（19世纪持续的时间更为长久，从1815年拿破仑的倒台到1914年第一次世界大战的爆发，一共99年。）

另一个问题，即20世纪是美国人的世纪。这样的表述可能对很多读者来讲并不会感到吃惊，但却会让很多生活在第一次世界大战或是第二次世界大战之前的人感到惊讶。当我们听到或读到1914年至1989年是美国的世纪，19 世纪是英国的世纪，18 世纪是法国的世纪时，我们并不会感到惊讶。这些特征不仅仅暗示军事力量、制海权以及帝国财产，同时还有很多其他的影响，然而陆军与海军力量尤其重要。在 20 世纪的众多重大事件中，两次世界大战至为关键，第二次世界大战主要源于第一次世界大战的影响，所谓的冷战近乎是第二次世界大战的产物。没有美国参与联盟，即使英国和苏联联合起来也不会取得第二次世界大战的胜利；同样，没有美国参与第一次世界大战，英国和法国也不可能取得胜利，至少不会在 1918 年取得胜利。但是这并不仅仅是陆军、海军和空军力量的联盟，它们意味着欧洲世纪的终结，很少有欧洲人承认这个事实，从地图上可以看到，1914 年之前，欧洲不过是亚洲的一个半岛。

英国政府，以及英国多数媒体认为它们必须与美国保持良好的关系，接受美国在一些方面至高无上的地位（尽管在 1914 年之前并未承认）。一直到 1895 年，华盛顿与伦敦对于委内瑞拉问题出现了较小的危机，然而，不到三年的时间，当美国在 1898 年决定对抗西班牙时，英国政府以及英国媒体几乎无一例外都支持美国。从此以后，在整个 20 世纪，英国政府从未出现过强烈反对美国的情况。在 1914 年之前的 15 年里，美国正在逐渐影响着英国人的生活。詹姆斯 · 布赖斯先生曾是英国驻美国大使，他对美国十分了解，甚至写道（在他的著作《美利坚联邦》中）：“美国在一些方面超越了欧洲国家。它正走在它们的前面，而它们可能跟随其后。”特别是在讲英语的国家，还有世界其他很多地方，都感受到了美国的力量，美国的影响不仅仅体现在政治方面，还包括她无数的实践和发明。甚至在 1940 年，希特勒几乎赢得“二战”胜利的时候，如果没有温斯顿 · 丘吉尔和富兰克林 · 罗斯福，他很可能早已达到目的了。

与此同时，英国对于美国的影响正在逐渐减弱。不列颠群岛一度是前往美国移民的主要来源，但是在1914年之前的15年，来自不列颠群岛的移民一直在减少，但当时其他前往美国移动的欧洲国家的人数仍然在极速增长。美国最伟大的总统西奥多·罗斯福意识到了这点，他主张的新民族主义，并不是我们今天所理解的民族主义，而是针对当时的新移民特别是来自东欧和南欧的新移民者，为了使其尽快地融入美国环境中。在20世纪，罗斯福的主张取得了极大的成功。显然，民族主义拥有各种不同的形式，美国就是一个例子，进一步来讲，这本书的主要论点我们也可以称为民族主义（与守旧的爱国主义相关但又并不相同），当时民族主义仍然是最受欢迎的政治情感，几乎无处不在。[1]

“上帝以曲代直”，这是一句意义深远而富有智慧的葡萄牙谚语。不相信上帝的人可能对此表示怀疑（我不会），但这并不意味着世界历史的进程是必然的，同样美国的历史进程也不是必然。历史并不是由无数的选择组成，而是在每一个人类事件的产生和发展中形成，事实被不同的可能性所掩盖。例如，德国可能有潜力成为20世纪最强大的国家。希特勒在弥留之际曾说道：“欧洲最后的希望。”（某个希望）[2]但他并没有真正想到自己就是一个欧洲人。（他也没有看穿英国对于美国的极大依赖。）在奥托·冯·俾斯麦临终之时，他被认为曾表示，在即将来临的20世纪，美国人讲英语将成为最重要的影响。

尽管如此，德国是能够成为世界的主导者的。一些为数不多的英格兰人和苏格兰人主张英国与德国联盟（他们中一些人是为了种族原

[1] 民族主义将会在接下来的章节多次提及。

[2] 1944年1月1日，丘吉尔教育他的三个参谋长说道：“从今以后，我希望所有诸如‘入侵欧洲’或是‘攻击欧洲的堡垒’的表达都被消除。”

因）。在美国人民以及美国的一些领导者中间，有一股强烈的反英情绪，虽然长远来看也没有什么大不了的。然而，当一个人沉思欧洲的历史时，当然是1945年之前的历史，许多现实本来可能是不一样的。1900年、1914年，甚至是第一次世界大战之后，德国的冲击与影响一直在扩大，无论是在军事还是政治方面，思想还是文化和知识方面，抑或是工业以及技术方面，几乎取得第一次世界大战的胜利（至少在1939年至1942年这段时间，德国距离赢得第二次世界大战的胜利近在咫尺）。第一次世界大战几乎就是一场“欧洲的战争”（它的正式名称自始至终是由英国政府所命名的）。第二次世界大战发生在其他的陆地和海洋，美国的军事和政治领导早已决定先联合击败德国，再对抗日本，事实证明这样是正确的。尽管如此，八千万的德国人对抗近五亿的英国、美国、法国以及苏联的大联合队伍，持续了近六年的时间，最终德国才被击败。

远东人可能会提出异议，第二次世界大战并不是爆发于1939年9月的波兰，而是爆发于1931年9月的中国。当时，日本军队从东北三省和朝鲜一路前进侵入中国本土，到处扫荡，占领中国的主要海滨城市，并在接下来的十年侵入中国的内陆城市，最终导致日美两国之间战争的爆发。但是上述观点也未被充分证实。早在1931年之前，日本就有了在远东一带建立日不落帝国的野心。当时，反殖民主义运动也在各地纷纷爆发。而反殖民主义运动爆发的主要原因在于英国、法国以及其他欧洲国家开始出现一种不安的情绪，人们都不愿意继续扩张，甚至不愿意保有他们在一些海外殖民地的地位，这些海外殖民地大多是在19世纪获得的。更为重要的是，日本乐于看到1939年爆发于欧洲的另外一场战争。

这里我必须强调，两次世界大战都爆发于欧洲。1914 年的大事件，引发蝴蝶效应，导致了第一次世界大战的爆发，政治家以及各个政府的说法不一，历史学家也为此争论了近一百年，直到现在依然没有定论。然而第二次世界大战起因于一个人，他就是阿道夫 · 希特勒。假如 1939 年希特勒没有引爆第二次世界大战，也许另外一场欧洲的战争也不会出现。假如希特勒征服欧洲多数国家，那么美日战争也可能不会发生。但是“也许”和可能性并不代表事实。

知道了上述内容，我想问问，20 世纪是否比我和其他人看到的更短呢？它是终结于 1989 年还是 1945 年？我本人讲述 20 世纪的历史景象，主要以两次世界大战及其相关内容为主导。1945 年以后，世界大战结束，这样的战争也许不会再发生了。毕竟，国际历史的结构发生了改变。1945 年之后的战争变小了，但是规模并没有什么改变。更重要的是，之后的战争常常爆发于民族与部落之间，而不是国家与国家之间。国家的存在先于国家的形成，但是前者比后者更为长久，因此会产生各种各样的问题。

1945 年，世界历史还发生了其他标志性的改变。几乎大部分的战争都是不宣而战。其他则主要是空中作战。美国成为了世界上唯一的超级大国。1945 年之后，多数人（包括许多美国人）开始认为世界政治格局分为两大阵营，一个是共产主义阵营，另外一个则是夺取并统治全球大多数地区的非共产主义阵营。然而事实并非如此。（1966 年，在戴高乐将军访问苏联之后，他曾表示世界上只有一个超级大国，那就是美国。）然而，并非美国施压而导致苏联的瓦解，这只是俄罗斯帝国逾期的解体。

与此同时，美国的存在或许远远超过它实际的力量。1945 年之后，美国在世界各地的军事基地数量不断缩减，士兵也都被遣散回家，但到了冷战时期，事实却恰恰相反。1956年，美国已经拥有了超过150个横跨全球的陆地、海洋以及航空基地。当年，共和党为此欢喜雀跃，呼吁美国的军事基地应该遍布全球各地。在美国与苏联冷战即将结束的时候，这样的军事基地已经达到900多个（至今仍存在）。我们甚至有理由认为美国总统，或者甚至是国防部长都不能够将这些基地全部列举出来。说来也奇怪，与大多数的英国人、荷兰人、葡萄牙人、法国人或是意大利人不同，仅仅有很少一部分的美国人能够完全意识到美国的强大地位。而在一个世纪以前，这些国家的人们都为自己国家所拥有的殖民地感到骄傲，至少是持赞同态度的。

美国人却不这么认为。与大多数欧洲国家的情况相同，它们所拥有的国外基地与它们殖民地的自然富饶并无关系。与此同时，大多数美国人支持对外战争，冷战期间以及冷战之后，美国的士兵都很积极地作战。对美国来讲，在1950年至1953年间，也就是朝鲜战争期间，这是一个合理的选择，但是对于美国军事力量入侵近东、越南和伊拉克并不是那么合理的选择。在这些混战中，美国通常所普遍支持的烧钱的战役逐渐消退。尽管罗纳德·里根先前有一些夸大其词和民族主义的言论，但是，当苏联在20世纪80年代开始解体时，美国并没有表现得多么沾沾自喜。

第二次世界大战没有混入另外一场大国之间的战争，这也是因为在1945年，美国人、英国人以及欧洲分裂出的欧洲大陆人对此都并不赞成。（同时还由于斯大林及其继任者的深思熟虑。）

这也是斯大林避免与美国开战的主要原因。他坚持要统治东欧的大部分国家。1944年10月，丘吉尔对戴高乐说，虽然现今苏联野心勃勃，食欲旺盛，存在不少的麻烦，“但现在是饭后消化时间”。斯大林在去世前，也承认了这点。1952 年 10 月，斯大林提出和解，重新联合美国中立德国（美德两国的联盟是斯大林主要担忧的一点）并与美国签署互惠条约，但是没过多久，斯大林就去世了。不久，苏联开始放弃其在 1945 年取得的战利品。1955 年，苏联又交出了其在奥地利和芬兰的基地（同时还包括其在中国的基地），同时与南斯拉夫达成和解。1956 年匈牙利爆发的革命以及波兰民族主义的崛起让人感到有些意外与沮丧。苏联从东欧逐步撤退，并一直持续到 1989 年苏联解体，虽然期间不时被迫有过中止。

取得胜利的美国政府以及多数美国人都不愿意对此表示承认。1959 年，苏联领导人尼基塔 · 赫鲁晓夫访问美国，并与德怀特 · 艾森豪威尔进行协商，在很多方面赫鲁晓夫都表现得毕恭毕敬（在其他问题上，他提议美国与苏联合作一起对抗共产主义的中国）。美国方面的主持者曾早在 14 年前就很热情地支持美国与苏联建立友好关系，如今见到苏联客人却一副臭脸，对其丝毫没有兴趣。1952 年，反共产主义俨然与支持美国民族主义是同义词。随之而来的是美国保守主义运动的出现，较早之前，保守派在美国并不受欢迎，但是三十年之后，很多美国人却更能接受它。

1945 年之后，第三世界的历史是与众不同的。从美国建立初期开始，反对殖民主义就成为美国的信条之一。虽然这个信条不过是加速欧洲世纪衰退的一个间接因素，但其依然很强大，最终英国、法国、荷兰、比利时、葡萄牙、意大利当然还包括日本都交出了它们的殖民地。在 1945 年之前，几乎整个非洲都是欧洲国家的殖民地。20 年后，无论是在非洲还是亚洲，都不再有属于欧洲的殖民地了。在 1920 年之后，土耳其帝国交出了几乎所有邻近的殖民地，这里的殖民地住户都不是土耳其人。自1990年，这样的反殖民行动甚至在苏联一些比较老派的国家也有迹可循。

然而，把反殖民主义或是非殖民化作为一种全世界的民主进步就会误入歧途。冷战期间，无论是否受此影响，在世界一些地方包括中南美洲的国家和民族，偶尔出现了共产主义或是亲共的政权。在欧洲，苏联以外的领域（除南斯拉夫之外），并没有出现这样的情况。但在古巴以及其他较小的西班牙殖民地则建立了共产主义政权。有时候，他们歪曲事实，宣称反抗殖民主义早在法国革命以及拿破仑战争之后，也就是在大约1815年之后就已经发生了。他们的主要目的旨在主张国家独立自主，然而他们的动机常常却又显得晦涩模糊。

在古巴，菲德尔·卡斯特罗和他的支持者的主要动机（与其他一些中南美洲的独裁者一样）并不是为了支持共产主义，而是为了反对美国主义。值得称赞的是，除了一些简短、小范围、秘密的插曲之外，美国并没有在军事上打压这些被鼓动且不负责任的政府。菲德尔·卡斯特罗以及其他领导人很快获悉到他们所期望从苏联获得的帮助微乎其微。1962年，赫鲁晓夫同意菲德尔·卡斯特罗疯狂的请求，为古巴提供中程火箭（限制射程，并完全由苏联控制）以用来对抗美国可能的入侵，最终这场愚蠢的闹剧以美国严厉的反应包括海上封锁而告终。苏联迅速退出西半球。这件事的影响之一，即不到两年时间，赫鲁晓夫被苏共政治局驱逐；另外一个影响，即在随后的二十五年中，总体来讲，美国与苏联的关系断断续续获得一些改善。

与往常一样，苏联与中国的关系与众不同。1945年的中国在世界上并不是一个强国，尽管，罗斯福总统曾公开表示中国是强国。但是，尽管拥有广阔的地域面积和巨大的人口数量，中国一如既往地仿佛是一个地缘政治的真空。如今日本早已远离中国，英国同样也卷起铺盖回家了。由蒋介石（虽然他最终失败但不应该掩盖他的功绩和政治才能）领导的中国政府在很大程度上依赖于美国。但是在 1945 年以及之后，华盛顿和它的美国军队一心想着如何在西太平洋包括中国海域立足。但它们几乎不涉入以蒋介石为代表的国民党和以毛泽东为代表的共产党（不同的国家形态）之间的内战，1949 年，中国共产党最终取得了胜利。

显然苏联也没有卷入中国的这场内战当中。1970 年，苏联与中国军队在边界河一带不时发生冲突。当时，由理查德 · 尼克松和他的国务卿亨利 · 基辛格领导的美国政府决定从根本上改善美中关系。几年后，毛泽东去世，中国继续保持共产党一党专政的国家政治体系。

然而，在上面所提到的巨大发展包括日常生活以及全球亿万人民的命运，这是一种民主的进步。以下我们将进行一个必要的总结，尽管可能不够充分。

欧洲世纪结束了，连同其视为珍宝但却脆弱的自由民主制一同消失了。不论过去还是现在，自由民主制常常是与君主立宪制联系在一起的。在过去的两三百年的时间里，这种制度保障了越来越多公民的自由与财产。然而君主立宪制在 20 世纪就不再那么广泛了，尽管，老一辈美国人反对君主立宪制的呼声也早已慢慢退去[1]，但是美国人并不支持

[1] 我们认为在德国或奥地利的君主体制下，希特勒本来是不可能上台的，即使是在“二战”和德占期间，多数的欧洲君王都反对希特勒和他的第三帝国；意大利国王在 1943 年罢免了贝尼托 · 墨索里尼；日本天皇裕仁领导和平党对抗军国主义者，并使人民相信结束战争的必要性。（1945 年 7 月，由美国总统哈里 · 杜鲁门提出的反君主政体是一个明智的例外，他放弃了随之而来的日本投降，包括废黜天皇。）但是，1945 年之后，在埃及、印度、印度支那以及阿富汗等地依然存在的君主体制遭到了政体不同的美国的反对。

这样的政府。

在全世界范围内，很多人将美国看作现代进步思想的主要典范。尽管在20世纪，有迹象表明现代化时期正在消失，20世纪是一个从现代（更确切地说，是一个从欧洲世纪）向某个时期的过渡阶段。在这里，我们应该注意到亚历西斯·托克维尔的伟大，这也是大家的普遍共识。早在差不多两百年前，亚历西斯·托克维尔就懂得了对历史的分割，如今我们依然沿用着祖先的这种习惯性的分类：古代（主要是希腊和罗马），中世纪以及现代（主要是欧洲，然后是美国）。然而，托克维尔看得更加深刻和长远：对早已经形成的民主时期，意指多数人统治代替少数人统治：总而言之，就是从贵族时代向民主时代的演变。他还认为，这不是社会结构、政治、活动以及历史复兴的简化，恰恰相反，这是一种复杂的变化。尽管，确定统治者想要什么，人民想要什么，距离现实还有一步之遥，他们的政治和社会选择经常是伴随着假借他们名义的其他人所说或所做的。毋庸置疑，这个话题的讨论已然超越了过去那个跌宕起伏世纪的简史范围。

“保守的”与“自由的”这两个形容词是19世纪的意识形态，如今它们的使用越来越不精确，甚至常常显得毫无意义。不管怎样，20世纪所经历的创伤与发展包含着科技的进步，更确切地说，是更高程度的机械化以及日常生活的影响，既有其自身的危险也有无穷的可能性。举个例子，1945年之后，人类的大部分活动都是在进行自我毁灭以及毁灭他们的世界，这是极有可能发生的，虽然，到目前为止，还未发生。1945年8月，美军甚至在日本的两座城市投掷了原子弹，尽管这个行动令人惊骇，但最终结束了第二次世界大战。在第一次世界大战期间，成千上万的人民被屠杀和驱逐出境（例如，美军在土耳其的行动），在第二次世界大战期间，有计划的杀戮越发猖狂，其中有近500万的犹太人包括妇女和儿童被那些大多受过良好教育的德国人所屠杀。当民族主义代替先前的爱国主义（每一位爱国者或多或少都有一些民族主义情结，但是，几乎没有民族主义者是真正的爱国者），自己的同胞成为敌人。因此，自20世纪40年代以来，产生了来自不同国家和民族的约数百万移民。越来越多的不同种族人民的混合是否会带来一个全新的国际主义？没有人知道。哎，如今人民主权论是多数政府公开承认的基础，但它却常常依赖于民族主义情绪。

但这本书是有关于20世纪的历史，而不是21世纪的历史。

第二章
“如今我们唯有人民的战争”

◆

欧洲战争—1914：一场短暂的战争？—各个国家相互冲撞—继续混战—平庸的多数将军—苏联从战争中撤退—共产主义：在俄国百多历史中一段70年的插曲—美国进入第一次世界大战的复杂历史

◆

始于1914年的战争并不是第一次世界大战。如果“世界战争”意味着强国之间跨过大陆穿越海洋战斗的话，那么早在四个世纪当中（从16世纪到19世纪），英国、西班牙以及法国就经历过这样的战争了，当时欧洲的势力在全球多数地区不断发展壮大。不过，总的来讲，英国政府将1914年的战争认定为“欧洲战争”是正确的。与早先的海外战争以及第二次世界大战不同，1914年的战争是一场大战争，欧洲是主战场。这次战争带来的影响是巨大的，包括四大欧洲帝国的衰败，前所未有的欧洲地图的重绘，以及很多新生国家的出现，其中一些国家至今仍然存在。然而，伴随着这些转变而来的是欧洲文明受到令人深为震惊的创伤，或许这样的影响要比“二战”所带来的影响更加巨大和长远。

1914 年 6 月 28 日，周日，在一个阳光灿烂的午后，奥地利弗朗茨 · 约瑟夫王位的继承人弗朗兹 · 斐迪南大公与其夫人在敞篷跑车遭到了一名塞尔维亚恐怖分子的枪杀，当时他们正在奥匈帝国一座不知名的城市萨拉热窝。早在 1914 年之前的 10 年，欧洲就已经出现了这样的恐怖行动与暗杀。但是如今，奥地利政府及其军事首领认定这次恐怖行动是奥地利处罚塞尔维亚的绝好机会，这个巴尔干半岛的国家在 1914 年前就已惹下了不少麻烦。这样的军事处罚可能会抑制塞尔维亚，从而导致权力从欧洲东南部向奥地利转移。然而这是一次致命的误算。奥地利对塞尔维亚宣战，全然不理会塞尔维亚向奥地利政府提出的和解要求。随后出现了不祥的预兆。当时，作为英国海军大臣的丘吉尔，在他 16 年后的经典散文中曾这样描述道：一朵乌云笼罩了英国以及欧洲其他多数国家。1914 年 7 月，英国内阁成员正与其国王商讨有关爱尔兰的问题。7 月 24 日，“为了脱离僵局，英国内阁艰难地在弗马纳郡和泰伦的泥泞小路上前进”。随后，一名官员将奥地利最后的通牒文本带给英国外交部长爱德华 · 格雷。“行政区域弗马纳郡和泰伦从地图上消失不见了，而爱尔兰随即出现在欧洲的地图上并不断发展起来。”

然而，三四天之后，英国政府的多数成员，包括内阁和议会极不情愿地承认，如果欧洲战争爆发，英国将会被卷入其中。随后引发了一连串的事件。俄国认为自己最好与塞尔维亚保持统一战线，开始大规模地调遣兵力准备作战。德国没有其他的选择余地，它知道法国与俄国自 1894 年就结成联盟，还有相互依赖的战争计划。俄国实力强于法国，所以法国一定会先于俄国被击败。为了迅速达成目标，德军选择进军比利时以及英国。对于中立的比利时来讲，在近一个世纪以来，对德国一直持认可态度，但是如今它们不再接受这样的态度。8 月 4 日，欧洲列强开战了。

毫无例外，在 1914 年，大多数人包括各列强的政治家和军事首领，都坚信这场战争不会持续太久，殊不知这只是他们的一厢情愿，他们的军事计划包括对于敌人的估算全都失误了。在 1914 年年底之前，奥地利发觉塞尔维亚是一块难啃的骨头。9 月，德军在马恩河战役中明白他们不可能像在 1870 年那样一举打败法军。俄军发觉即使一半的德军加派到西线，他们还是无法打败在东线的德军。1914 年的圣诞，第一次世界大战（当时德国和美国已经开始这样命名此次战争了）陷入了僵持状态，这场战争与近期以来的战争不一样。虽然这仍然是一场国家之间的战争，但是，现在所有民族都冲向彼此，这是让人始料不及的。作为 1870—1871 年普法战争的胜利者，20 年之后，年迈的赫然穆特 · 冯 · 毛奇在德国国会大厦说："内阁战争的时代已经过去了，如今我们唯有人民的战争。"武装起来的欧洲各国现在可能要开战了，"这场战争的持续性和结果都无法预知"。

1914 年，无数民众为这次战争而欢呼。土耳其和保加利亚也加入战争当中，与号称代表同盟国的德国以及奥匈帝国结成联盟。1915 年，伴随着意大利热情高涨的民众舆论，西方列强成功将意大利再次拉入他们的阵营中，然而这样的舆论并没有给战争带来什么影响。当年，战争陷入了某种僵局，但仅仅是某种僵局。整个欧洲的田野和城镇变成了一片废墟，到处都是被挖开的巨大战壕，散落着成百上千的伤亡士兵。1916 年，超过 50 万的法国、英国以及德国士兵战死在凡尔登和索姆河战役当中。罗马尼亚和葡萄牙加入协约国，但对战争进程并没有起到什么作用。德国军队的加入是奥匈帝国赢取这场战役的关键 。

随后，在 1917 年，发生了巨大的变化：美国加入了这场欧洲的战争，俄国退出了战争。1918 年，新的布尔什维克党统治了俄国，它们不得不与德国以及它的同盟国签订丧权辱国的和平条约。如今，德军开始艰苦地进攻，试图做最后的尝试，以击败法军和英军并占领巴黎。但是法军和英军一直在坚持抵抗，截至 1918 年夏初，越来越多的美军被派到了前线支援法军和英军了。

同年 10 月，新一届的德国政府希望通过接受美国总统伍德罗 · 威尔逊的一些想法，实现和平，而非毁灭。事实并非如此。德国的盟友奥匈帝国解体。1918 年 11 月 11 日，德国武装力量投降。接下来的并不是和平而是近乎一场混乱，且持续了近五年之久。

总结一下：1918 年，法国、英国以及美国在俄国退出的情况下能够打败德国，25 年之后，在第二次世界大战中，他们却做不到。早在 1930 年，温斯顿 · 丘吉尔对此就已经有所预见。他希望德国不要再次重蹈覆辙，但是战争还是再次爆发了。

以上就是第一次世界大战的简要概况。但是请不要认为它是很肤浅的内容。文中的每一个用词都是绞尽脑汁仔细斟酌过的。因为我深信历史是由话语组成的，甚至多于“事实”，而且“事实”与表述是不可分离的，它们合在一起才是历史事实。对一名历史学家来讲，每一个词的选择都不仅仅是出于文体的，更是伦理的抉择（因为历史是要每一个人在说话）。当然以上总结省略了很多内容。对于很多略去的部分，有些是明确的，有些是含蓄的，包含着某些事件的意义。这并不是一本百科全书，它有着自我设定的局限性，而我能做的就是尽量保证事实的客观性。

鉴于1914年8月那令人震惊的形势，许多聪明的政治家以及军事和政治专家认为这场即将发生的战争是一次强烈的“雷暴雨”（这个词经常出现在他们的表述中）。这场战争很早就被预见到，而且人们确信它是短暂的，但是事实并非如此。这一切究竟是为什么呢？我认为，至少有两个原因，其中之一即那些预言者关于欧洲战争的历史知识，记忆和考量都是基于之前的一百年，几乎所有的战争持续时间都不超过一年，即使普法战争也不例外。此外，在1912年至1913年之间，在巴尔干半岛也发生了一些小规模战争，这些战争并不严重，列强也没有卷入其中。这一切与通信以及交通系统，例如铁路的发展没有任何关系。但却与另外一个因素有着很大的关系，那些战争发生在国家以及人民之间。1914年，战争却发生在几乎整个欧洲民族之间了。

20年后，希特勒提出，国家不过是一个受限制的框架，或者说是一种强制形式，民族的存在高于现代化的国家，并最终胜过后者。一个重要的迹象就是第一次世界大战，也就是1914年的事件。历史学家很多详细而珍贵的研究主要集中在论述国家与政府的关系，这是可以理解的。相对而言，在众多记录有关1914年的书籍中，很少有著作是集中在，诸如新闻媒体的影响上，而媒体在当时几乎积极支持着每一个民族。在1914年前的十年，由于读写能力在总体上保持增长态势，所以这段时期被称为媒体的黄金时代。这也是社会民主化的一个结果，同时也是拥有国际社会主义信仰的马克思主义的彻底失败。一位德国人的特征、信仰（以及愿望）与一位英国人或是法国人的特征、信仰（以及愿望）是不同的。此外，在每个国家内部，各个阶层民众意见的分歧较之以前要小得多。尽管有和平主义者和国际社会主义者群体的存在，他们对于战争的反对就如同小块的冷黄油融化在了民族情绪的大熔炉当中（在战争宣告之前，法国社会主义者让·饶勒斯在巴黎遭到谋杀）。最终，军队的构成体现了民族统一的发展。1914年，如同1830—1871年的普法战争，德军仍然是由指挥官以及来自普鲁士、萨克森、巴伐利亚、符腾堡等地区的部队组成。1914年9月，在第一次马恩河战役之后，许多这些独特的部队失去了它们的意义。从此以后，德国所有的军队都是由德国士兵组成。即使在多国合作的奥匈帝国军队中，在1918年奥匈帝国最终解体之前，由高度多样化的民族组成的军队也没有发生分裂。在战争期间，军人的民族情绪与平民也没有什么不同，包括大量由平民和退休官员组成的后备军。

回顾过去，民族的意义是显然易见的，它是民主时代前进所不可或缺的一部分。但是它几乎对于第一次世界大战的爆发没有任何的影响，这场战争依然被认为是一场国家之间的战争，同样的，它也没有影响到政治家和军事领袖们的信念，他们还是坚信这场战争是一场充满戏剧性而短暂的欧洲战争。然而他们精心的盘算，包括军事专家的策划被证明是错误的。德国的施里芬计划是十分明智而令人信服的计划，该计划认为俄国实力强于法国，在双线作战中法军应很快先被击败，然而先被击败的却是俄国。法国在马恩河战役中胜了，这可能是法国仅有的胜利，而德国彻底失败了。随之而来的是一场全新的、可怕的且没什么意义的斗争：这是一场造成巨大损失的战壕攻防战，最终有超过一百万名法国士兵、一百多万名德国士兵以及近一万名英国士兵战死在战壕前线。

与这场可怕战争相关联的，不仅是各类政治家也是很多将军的失误。在很长时间里，后者充其量是依赖于他们的战前实践、信条以及盘算，在很多的例子中可以看到，他们不仅想象力不够丰富而且也不充分。马恩河战役的胜利者约瑟夫·霞飞，被人最为称道的就是他的果断。与他相对应的人物毛奇，作为才华横溢的普鲁士领袖的后代，他的势力在1870年十分强大，但在1914年，却不禁让人怀疑失去了效力，最终在精神上瓦解。1918年，作为广大协约国的指挥官斐迪南·福煦出色完成了自己分内的工作。在法国的英国将军们的反应从1914年的迟钝转变为了1918年的过分谨慎。（英国只有一名优秀的将军埃德蒙·艾伦比，他是英军历史上唯一一个从列兵升为陆军元帅的人。）作为德国的高层将领，保罗·冯·兴登堡、埃里希·冯·法金汉以及埃里希·鲁登道夫都是坚强刚毅之人，同时他们又是无趣的人，他们与第二次世界大战期间的那些德国将军不同。而奥地利、匈牙利以及意大利的多数指挥官也没有什么显著的表现。1916年，俄国将领阿列克谢·布鲁西洛夫是一位表现杰出的将军，甚至在战争结束之后布尔什维克一直都很尊重并提拔他，然而，对于当时的俄国来讲早已为时已晚。如果他们能够战斗得再久一些，他们将会成为第一次世界大战的伟大胜利者之一，凌驾于多数欧洲东半部国家，最终的结果将会与第二次世界大战一样。

接下来让我们返回到1917年，这一年并不是第一次世界大战的历史转折点，而是整个20世纪历史的一个拐点。当时，美国进军欧洲，俄国从战争中退出。一年之后，迎来了这场战争的军事转折点：德军在法国向法英联军发起最后的攻击，当时，越来越多的美军开始进入西线并对德军造成了巨大的压力。这些事件对战争有着决定性的影响，反之，俄国从欧洲的退出却并没有带来什么影响。（假设在1914年，乃至其后发生相反的情况：美英能否在没有俄国的情况下战胜德国呢？可能不行。）不管怎样，在1917年之后，自成立以来第一次加入战争的美国和俄国，成为欧洲命运的决定因素。之后，美俄因为迥然不同的原因从欧洲现场撤退，也并没有带来什么影响。但是，在 1917 年以及 1918 年的某些时候，俄国从对抗德国的战争中撤退是一件很严重的事情，它促使德军将大量军队从东线转移到西线，虽然，最终事与愿违，并没有起到什么作用，也没有对西线造成什么威胁。

1917 年，在俄国爆发了两次革命（更为确切地说，主要集中在当时的首都圣彼得堡）。第一次革命发生在 2 月底和 3 月，由自由党领导；此外，沙皇被迫退位。第二次革命发生在 10 月和 11 月，共产党员（俄国称为布尔什维克）在圣彼得斯堡的一次混战中将自由党和资本家一扫而光，并最终取得政权。从多方面来讲，十月革命并不算一场真正的革命，列宁和他的追随者控制着仅有的几座在圣彼得堡的政府大楼。之后发生的一些事情就好像一场内战，这场战争涉及俄国一些地方，并持续了至少三年时间。此后，俄罗斯帝国更名为苏联，由共产党领导人进行统治。

在 1917 年之后，通常情况下大多数欧洲人认为，对他们自己以及他们文明最大的危害就是共产主义。在第二次世界大战之后，越来越多的人，特别是美国人坚信，整个 20 世纪取决于两种不同的意识形态，即共产主义和民主主义（自由主义或是资本主义）之间的大规模、历史性的斗争。同时，共产主义不仅仅在俄国，而且在世界的很多地方都有着危险的拥护者。在第一次世界大战之后，人们认为共产主义似乎至少影响了整个中欧，在稍后的第二次世界大战中，人们又认为中国和苏联两大共产主义国家似乎能够联合统治欧亚大陆。然而，上述情况均未发生。我们应该注意到，即使苏联自己也认为，在俄罗斯政府及其人民的一千多年的历史中，共产党“统治”（这里引号并非偶然）就像是一个七十年的小插曲。在1989年之后，俄罗斯并没有恢复自由民主主义，而是依然在很长一段时间里保持现状。

1917年，布尔什维克取得了在圣彼得堡以及之后在其他城市的相对胜利，这是一个不受欢迎的战争结果，同时也是俄国与西方列强联盟的结果，在很大程度上还包括它们的意识形态。1917年，作为一个自由、民主而全新的俄国政府，它不受欢迎的原因有很多。其中一个原因就是它们坚持与英、法联盟，并被它们呼吁加入战争当中。（自由派政治家，诸如帕维尔 · 米留科夫曾暗示，沙皇政府并未充分地抵抗德国。）事实上，很多的布尔什维克被德国思想家马克思所影响。但最为重要的是，布尔什维克为了在俄国国内生存并取得胜利（内战期间），他们不得不与德国达成和解。因此，在1918年年初，他们在布雷斯特与德国以及其他列强签订了“和平”条约，将本属于自己的可观利益让给了德国。这个协议将不会持续很久，布尔什维克相信在第一次世界大战结束后的乱象中，一些欧洲人，主要是东欧和中欧人，将会自觉地走向共产主义。

除了一两次短暂而可笑的尝试之外，他们的设想并未发生。在1789年之后，法国革命的例子与理念已经传播到了整个法国以及西欧和南欧。然而，在1918年后的二十多年中，一直到第二次世界大战中期，苏联（与蒙古）是世界上唯一剩下的共产党政权国家。1921年，“铁幕”笼罩在苏联，将其与整个欧洲隔离开来。经过了四分之一个世纪之后，由斯大林领导的苏联在第二次世界大战中对抗德国取得胜利，共产党政权给西欧众多国家带来了不小的影响。然而这种影响并没有持续太久。说奇怪也不奇怪，反共产主义在西方世界是最普遍的意识形态，其最主要的受益人便是阿道夫·希特勒。

但与此同时，在美国从欧洲撤退期间，美国在全世界的影响也越来越大且越来越广泛，在有些时候，甚至超过苏联的影响力，无论苏联是否是共产主义政权。在斯大林的领导下，苏联从国际主义转为一个民族主义的共产党政体。（同样，在全世界范围内还有其他一些表面上的所谓共产主义的独立小国家。）但这一切也都十分短暂。

美国加入第一次世界大战是一件简单而又复杂的事情，简单的意义在于，美国派军进入欧洲决定了这场战争是有利于西方列强的。复杂性是由于历史的问题。这是怎么回事呢？1914 年，对于大多数美国人来讲，他们从未想过美国会卷入这场全新的欧洲战争当中。在不到三年的时间，1917 年，多数美国人民为美国向德国宣战而欢呼喝彩，在美利坚合众国历史上，这是美军第一次进入欧洲。

无论是过去还是现在，对历史学家来讲，对于民主时期历史的研究与重构远远要比历史本身包括更早期的世界史更加的复杂（尽管目光短浅地认为文献的可用性是民主主义的好处之一）。历史的研究也包括对重要但又存在疑问且必定不准确的“公众舆论”的研究，而“公众舆论”常常又很难与我们所称的“公众情绪”分割开来。两者并不相同，但又存在部分重叠。在第一次世界大战期间，“公众舆论研究”（包括其无法避免的不准确性）在美国还不普遍，但如今“公众舆论研究”到处盛行，且与公众情绪有所区别。前者在很大程度上包括有教养的人、社会知名人物、报纸的投稿者与读者以及中产阶级和上层人士。（在混乱而充满变动的美国社会背景下，这个特别名单应该使人想到界定群体的模糊性和困难程度。）

很多不错的书中都记录了美国在1914年到1917年期间走向战争的过程。大多数书因其对于整个事件的精确描述而显得极有价值。这些书的一些作者已经察觉到了很多的影响，其中包括媒体的影响，它通常是舆论的信息源。同样重要的是，美国上层社会（当然也有例外）主要是亲英派的人士，而美国平民则并非如此。还有发生在大西洋的大事件也是重要的（包括这些事情被报道和描写的方式）。例如，1915年4月，德国潜艇击沉路西塔尼亚号客轮（一艘英国客轮，船上载着的却是成百上千去赴死的美国人），1916年，德国无条件地临时停止了潜艇战，1917年1月又重新恢复作战。总而言之，英国人以及亲英派在美国的宣传常常要比笨拙的德国人的宣传要有效得多。然而，以上因素作为导致美国在1917年4月向德国宣战的原因必然是不够充分的。因为美国公众的情绪（还有舆论）并不简单。大多数美国人坚信，新世界要比旧世界更为优越。同时，他们还相信派兵去那里是恰当的，给旧世界一个教训也是美国的职责。他们还相信这也是，甚至是最重要的一场民主主义反抗德国帝国主义的战争。（1917年年初俄国沙皇的退位，好像消除了美国与一个帝国君主制的国家结为联盟所产生的令人不愉快的形势。）至少暂时情况似乎如此。仅这一次，有数据来支持“许多”和“大多数”这两个词语的使用。美国国会以393票对50票的结果通过了宣战的决定，393票对50票的比率，虽然并不准确，但似乎也反映出了美国人民在当时的不同立场。

与此同时，在伍德罗·威尔逊总统的内心当中，存在着诸多的复杂性。由于共和党分裂，大多数人并不愿意支持西奥多·罗斯福任第三届总统，于是伍德罗·威尔逊在1912年竞选出任总统。这是令人惋惜的，甚至是可悲的，然而很多美国人却依然没有意识到这个事实。虽然西奥多·罗斯福有很多的缺点，但是他是一个伟大的人。他所掌握的关于世界以及其他国家的知识，甚至历史的知识都远远超过了曾经一度作为大学教授的伍德罗·威尔逊。如果1914年罗斯福出任美国总统的话，第一次世界大战的整个历史将会被改写，可能会变得更短。

但是，这里并不是要做推测。我们可以充分表明，美国加入1917年的战争既有长期的影响也有短期的影响。特别是在民主主义时期，结束一场战争要比开始一场战争困难得多。在1918年以及1918年之后，很多调停的大错误都是起因于威尔逊。更为重要且持久的是，他给美国人民所留传下来的思想意识，即普世观（有益于美国的就是有益于世界的），这种偶尔的益处根本无法抵消它所带来的长期弊端。（随后的美国领导人，无论是来自共和党还是民主党，他们在很大程度上都极为崇拜威尔逊，包括赫伯特·胡佛、富兰克林·罗斯福、约翰·福特斯·杜勒斯、理查德·尼克松、比尔·克林顿以及乔治·沃克·布什。）从上述方面来看，这位无力的教授总统要比他同时代的列宁的影响更为长久，然而如今列宁的影响却更为显著。这就是历史的讽刺性，同时也是人类思想的复杂性。

第三章

“民族自决”

◆

一个全新的欧洲？—四大帝国的终结？—和平条约与重大过错—亚洲的影响—中欧再次成为关键

◆

“无条件投降”并不是一个精确的措辞或原则，因为在每一次投降中都包含了隐式的（有时甚至是明确的）折中。如果原则能够被双方都接受的话，无条件投降就会导致立刻停战。1918 年，在第一次世界大战之后，这种情况并不总是奏效，到处都是通过以停战协定的方式来终止战争，在其他地方，情况变得越来越混乱。直到 1923 年，局势才有所稳定，在此之前，特别是在战败国家当中，一直存在着一种不完全的感觉。战争期间，有一些关于“新欧洲”的言论，这种言论被看作一种概念或是理想，被一些自由主义思想家和英国的国际“专家”所支持，但是却没有太多人响应，也没有什么实际的效果。1923 年，一位世界主义者，奥地利贵族，起草了一份全新的、富有想象力且激进的新欧洲提案（被称为泛欧洲），虽然提案得到了很多人的响应，但也没有起到什么作用。总体来讲，真正有价值的影响是发生在不久之后，然而即使在此时此刻，我们也应该注意到，在奥地利一股完全不同却又新鲜而充满活力的政治力量开始崭露头角，最终这股力量在七八年后导致了第二次世界大战。作为一名出乎意料而与众不同的领导人，奥地利人阿道夫·希特勒，先后联合德国和奥地利，撇开世界上所有其他的政治家，独自选择开始第二次世界大战，而他和他那些讲德语的人民差一点儿赢得了这场战争。

在希特勒的生活以及想法中，第一次世界大战的结束是一个突如其来而令人震惊的转折点。在那场战争当中，他曾是一名志愿兵（在德国军队中而不是奥地利军队）。1918 年 11 月，在一家军事医院，他发现自己"找到了自我"。这可能是最贴切的表述。之后，他曾在其著名的自传《我的奋斗》中，描述了这次觉醒，可见"寻找自我"的重要性。在他年轻时期以及战争服兵役的时期，希特勒的思想还没表现出任何的与众不同。1918 年，是他人生的第三十年，他自己精挑细选的祖国（德国）以及他真实的祖国（奥地利）战败。在这些令人震惊不已的事件的影响下，他的世界观成形。突然之间，他感受到了巨大的悲痛，如同多年前失去挚爱的母亲，那种持久深刻附着在自己身上的痛苦。当时（他写道）："我决定成为一名政治家。"他的决定所带来的一个结果便是第二次世界大战。

在 1918 年或是很多年之后，没人能够想象到诸如此类的事情会发生。第一次世界大战仅仅是带给战胜国一些安慰感而已。1918 年 11 月，停战的消息在伦敦产生巨大的反响，引发了一天一夜的狂热的大众的狂欢，这在英国历史上是前所未有的。除了一些新成立的国家，其他地方几乎没有发生过这样公众情感的爆发。在战争邻近结束时，由于西方同盟国的胜利以及一些存在几个世纪的伟大欧洲帝国的解散，导致欧洲地图在战争结束时进行了大规模重新绘制，而这次版图的重新划分远远超过了战前和战后的任何时候，成为最重要的改变。德意志帝国的力量被削弱，它的君主政体也被消除。然而不到 20 年后，一个全新的德国成为欧洲最伟大的力量。不仅奥匈帝国君主政体不复存在，而且这个古老传统的国家和帝国也被分裂成为了六个国家，其余部分被分割给别的国家，组成了新的边界，其中许多国家至今仍然存在。正如我们所看到的，俄罗斯帝国的君主政体在 1917 年被消灭，全新而不可思议的布尔什维克政权成为了旧俄罗斯帝国的还原，四五个新的国家和民族一起进入从前的西方边缘。(它们在 1940 年也不复存在了，但 50 年之后这些国家再次出现。) 一个较小的例外是保加利亚政权的消亡，作为第一次世界大战与德国站在一起的同盟国，保加利亚王国继续存在直到 1946 年另一场世界大战的结束。最大的例外是土耳其，1918 年，奥斯曼帝国四分五裂，之后在令人敬畏的将军穆斯塔法·凯末尔的领导下，这个国家转变为军事独裁政权。他摧毁传统的土耳其风俗与制度，取而代之的是其专横的统治。不过他也承认了前者的结束以及如今摇摇欲坠的土耳其统治的许多民族和近东的独立小国家（埃及、叙利亚共和国、巴勒斯坦、黎巴嫩、伊拉克等），如同一场截肢手术，其实并没有给土耳其带来什么坏处反而是极大的益处。

1919 年以及 1920 年，西方势力及其相关势力在凡尔赛和巴黎的其他郊区起草并随后签订了与德国、奥地利、匈牙利、保加利亚以及土耳其的和平条约。1919 年春天，甚至连威尔逊总统也史无前例地离开华盛顿到法国停留了几周的时间。美国既没选择作为签约国，也没当这些条约的担保人。1919年的调停是一连串令人遗憾的事件，其中很多事情都是由于调解者自身的不足所造成的。在欧洲的地图上，出现了八个新成立的国家，包括力量减弱且被分割的奥地利、波兰、芬兰、爱沙尼亚、拉脱维亚、立陶宛、捷克斯洛伐克以及匈牙利（在1919年之前，这些国家都没有获得独立），再加上联合起来的三个斯拉夫民族：塞尔维亚、克罗地亚以及斯洛文尼亚，简称SHS，之后经过转变被命名为南斯拉夫。在1919年之后，经过20年的时间，其中很多小国家因为解体而早已不复存在了，唯一继续幸存的国家就是芬兰（然而，芬兰也不得不在1940年割让自己的领土给苏联）。这些国家中很多都采取了议会制度的政府形式，然而在1919年之后的十年时间中，由于多种形势，包括中产阶级的消减与软弱，最终舍弃了自由主义和资产阶级的构造。

与此同时，团结的德国和团结的苏联依然存在，尽管短期来看它们的势力有所消弱。其中一个原因是调停者缺乏远见，另外一个原因是复仇的倾向以及暂时胜利方所坚决主张的安全。然而还有一个原因则是，也许特别是英国人（尽管身边有大量的专家）对于那些条约不够关注，琐碎的工作占据了他们的使者和外交官一年多的时间，却忽略了其中的一些细节。所有这些条约的讨论和签署，无论是在凡尔赛、圣日耳曼、纳伊还是特里亚农、塞夫勒，都不允许战败国包括德国、奥地利、保加利亚、匈牙利以及土耳其参与其中。没有一项和平条约会让战败国欢欣鼓舞，然而1919年以及1920年的条约，将不同寻常的耻辱加诸这些暂时无能为力的战败者身上。如今剩余的德国陆军的军备和规模都大幅度地缩减，德国海军的情况更是不容乐观。在莱茵河畔，一支协约国的占领军驻扎在此，表面似乎是为了确保德国支付数目惊人的罚款，德国被迫对 1914 年这场战争负主要责任。德国和奥地利被禁止尝试进行任何的联盟。原本属于德国帝国的部分，特别是阿尔萨斯 - 洛林以及德国聚居地的部分被割让给法国和波兰。这还不是最终的后果，最有害的可能是大量德国、奥地利、匈牙利以及保加利亚人口转移到其他国家。大幅度的国家及其边境的重新划分影响到了匈牙利，最终导致匈牙利丧失了三分之二的土地，包括三百余万的匈牙利人民，由捷克、斯洛伐克、罗马尼亚、塞尔维亚、克罗地亚甚至奥地利和意大利进行统治。

大部分条约的实施，并没有考虑美国所主张和支持的原则，即民族自决的主要价值和优势原则。先前，西方协约国并没有认真严肃考虑这些原则。但到 1918 年，他们又草率而不切实际地疲于接受。所有一切都发生在关键时刻，当时威尔逊和他的行政机构已经在很大程度上摒弃了他们对于这些原则的支持。的确，当时美国已经选择从欧洲撤退，撤出其军队。因此，美国既不是签约国也不是这些条约的担保人。

在苏联，许多的新生共产主义者都是国际主义者。他们相信且计划将苏联的共产主义复制到其他国家，特别是东方和中欧，包括德国。然而这一切并未发生。或许，还有更多的理由认为，那些距离苏联最近的人民、民族以及他们的共产党人将会跟随苏联的步伐，但这一切也没有发生。其中一个原因即，无论苏联是否是共产主义国家，这些人当中的大多数都拒绝俄国人的统治。在俄国内战期间，他们（与英国政府、法国政府不同，至少暂时如此）没有支持反布尔什维克的军队和将领，因为他们知道这些将领想要恢复旧俄罗斯帝国的统治。但他们对布尔什维克也不抱任何幻想，无论这些布尔什维克是否是俄国人，他们避免让自己拿起武器。列宁和他的军团认为这不过是一个暂时的情况，然而事实并非如此。1920 年，得到西方联盟国支持的白军（反共方）逐渐消退。现今，列宁和他的人民主观认为，共产主义进军中欧的工具就是军事实力，即红军。他们有理由与新成立的波兰斗争，后者的军队在 1920 年年初就已经渗透乌克兰。1920 年，苏联与波兰的战争产生了出乎意料的影响。红军击退波兰军，继续前往华沙郊区。1920 年 8 月，波兰打败苏联，致使苏联不得不向东撤退几百英里，进入白俄罗斯和西乌克兰。如今，列宁和他的跟随者意识到，为了保持他们在俄罗斯的力量，他们需要和平，或者说是停止与他们的敌人作战。因此，在 1920 年和 1921 年间，他们与西方邻居包括波兰和芬兰签署一系列的条约。位于边界一带的国家都支持波兰和芬兰这两个国家，这也就意味着对新苏联政府的排挤和强制隔离。从此以后，在外交上，苏联被世界上的其他国家公认为另一个让人讨厌的国家。（除了美国、匈牙利、瑞士以及南斯拉夫之外，但最终这种情况也会发生改变。）

宜早不宜迟，苏联共产党意识对国家忠诚、传统、舆论以及情感要比意识形态，特别是国际意识形态强大得多。而且，这里的“强大”不仅意味着普遍性，同时也被坚定的人们所证明，即使冒着被国际社会谴责的风险。土耳其和希腊就是典型的例子。前者受到英国和法国（以及意大利）相当的草率惩罚，这些国家通过 1920 年的《色佛尔条约》使得奥斯曼帝国遭遇严重创伤，成为一个独立小国家，掠夺了土耳其许多居住者（大多为希腊人）的传统大省市。尽管，在第一次世界大战中，土耳其迟疑而且并不是特别坚定地加入与德国的同盟军中，但他并不应该受到这样的待遇。土耳其的新领导者凯末尔注意到，在第一次世界大战四年之后，法国和英国不愿意在近东引发战争。所以，1922 年，凯末尔和他的土耳其士兵与希腊展开了一场小规模的战争，把大量在小亚细亚居住了几百年的希腊人驱逐出去。1923 年，土耳其以及由西方势力统治的希腊在瑞士洛桑市签订了一个新的条约，重新划分了边界，两个年代已久的仇敌翻开了新的关系篇章。同时，这场战争也是向世界，特别是向欧洲宣告，《巴黎和约》迟早能够被武力所颠覆。

这是一本关于 20 世纪的简史。此刻，我的读者朋友可能会产生疑问，为什么直到现在这本书讲述的都是欧洲历史，而不是世界其他地方的历史呢？这个重点将会在接下来的历史进程中改变，但是，从 1914 年到 1923 年，在这段时间当中，几近单一的历史景象的形成至少存在一个主要的原因。我们已经注意到，第一次世界大战几乎完全是一场欧洲的战争（尽管，一些欧洲大国在非洲和近东发生边缘的战争）。我们也注意到，这场伟大战争决定性的结果涉及美国和俄国。但是，随后由于诸多原因，在战争后期俄国和美国都退出了战争。

尽管存在政治和战略上的撤退，但美国对很多欧洲人在生活和思想方面的影响与日俱增，而俄国却没有带来什么影响。因此，从 1919 年至 1939 年，即使美国公然宣称与欧洲隔离，但其影响还是一直存在，同时，居于首位的欧洲在世界历史的大全景中也再次占领了上风。1939 年，第二次世界大战以一场欧洲战争的形式拉开了序幕（正如希特勒所翘首盼望的那样），但这场战争并非始终是一场欧洲的战争。法国、英国、西班牙、比利时以及葡萄牙帝国的殖民领地在很大程度上依然保持不变。在这些国家中，有些国家现在拥有 1914 年之前德国的殖民地；有些国家改良了殖民政府的状况，但一直到第二次世界大战，这样的情况才得以告终。有迹象表明，本土民族主义和反殖民主义并没有什么影响，而到了 20 世纪 20 年代，有迹象表明西欧人民与知识分子的思想不再深刻地依附他们的殖民帝国了。在1919年之后的几年时间当中，布尔什维克的统治者与他们世界范围内的支持者坚信，反帝国主义、反殖民主义以及反种族主义的全新苏联将促使他们的天然盟友土耳其、波斯、阿富汗出现新的政府和领导人。然而这一切也没有发生。除极少数情况外，新民族主义者和反殖民主义独裁者，无论是土耳其的凯末尔，还是波斯的礼萨汗，或是阿富汗的阿曼诺拉汗，还有之后中国的蒋介石，他们都与苏联势不两立，而且完全与他们本国的共产党人划清界限，并尽可能地消灭他们。

一个巨大的（贯穿于两次世界大战，并且持久的）例外是日本。早在1914年之前的数十年间，日本就开始实施其现代化的进程。1914年之前，它在韩鲜和中国的一些地区巩固其军事和政治的首要地位。1905年，日本在一场出色的小规模战中，利用其非常现代的海军战胜了俄国。的确，在第一次世界大战期间，英国（比美国）更加欢迎那些出现在很多海域的日本战船。所以，作为第一次世界大战的战胜国之一，日本在很多地方的扩张，在一定程度上引起了美国政府甚至美国人民的焦虑。正如所料，在战争之后，进行某种形式的武装解除也是自然而然且意料之中的事情，包括交出第一次世界大战剩余的大量美国、英国和日本战舰。因此，在1921年至1922年期间，一场会议在华盛顿召开。这是沃伦·哈定政府的一个显著的成绩，在其他方面，这位总统很大程度上对外交事务却漠不关心。这次会议的主要缔造者是哈定手下受人尊敬且极为优秀的美国国务卿查尔斯·埃文斯·休斯。参与方赞同战舰吨位的比例为5:5:5:3:3，日本也包括在内，在很大程度上，该国遵守这个协定一直到1934年，在此之后，其选择不再被任何诸如此类的军舰限制条件所约束。另外一项即所谓的《九国公约》，该条约限制所有的列强进一步向中国进行扩张，这是一项积极的协定，但是也并没有持续太久。与此同时，1902 年签订的《英日同盟条约》，相当于一个近似的联盟条约，于 1922 年已到期，并且不再续订。这也表明了英国的首选是与美国而并非与日本建立良好关系。

但是，在欧洲（以及小亚细亚），经过一年之后，革命或其他混乱情况才稳定下来。特别是在德国，混乱骚动的情绪时不时地爆发，有时还出现暴力革命，整个过程从 1918 年 11 月一直持续到 1923 年才逐渐消失。在之后八九年的时间中，严重的政治危机相对比较少。这是在两次世界大战之间唯一貌似和平的一段时期，通过某种方式将第一次世界大战所引发的直接影响与 1933 年希特勒统治德国后引发的第二次世界大战的序幕分离开来。

至少这是一个原因，为什么在 20 世纪简史中，我不得不用专门的篇幅来叙述第一次世界大战后的德国与奥地利的历史，包括它们在 1918 年战败的影响。总的来说，德国人并不易怒，没有革命气质，不太能接受混乱。然而详细解释的话，“总的来说”也是一种不完全的概括。对德国人来讲，1918 年的打击致命且持久。1789 年以及之后，法国革命的榜样和理念引来了德国的追随者，但其范围和数量都很有限，与 1848 年资产阶级革命浪潮席卷欧洲一样。但是 1918 年以及之后，许多德国人受“诸神的黄昏”影响，这是一种不时产生的有关整个世界终结的华格纳式的情感。作为一本有影响力的伟大著作，奥斯瓦德 · 斯宾格勒所著的《西方的没落》于 1918 年德国战败前的几个月出版。对于许多德国人来讲，这本书无论是在思想上还是在心理上都引起了强烈的共鸣，其传播范围不仅仅局限于德国。人们对于法国及其启蒙运动思想

的尊敬早已一去不复返。斯宾格勒不仅摒弃而且否定了资产阶级成就的价值。暴动以及发生于1918年11月的工人阶级的反抗并没有坚持下去。尽管在之后的五年时间里，一些势力还在继续反抗，包括在慕尼黑短期且时而显得可笑的苏联式共和国的反抗，都被敌对的巴伐利亚人民联合德军将其一扫而空了。

在第一次世界大战之后以及整个第二次世界大战期间，人们对于德国（尽管根据《凡尔赛条约》缩减军队的规模和装备）一直保持着高度的尊重。其军队不费吹灰之力就镇压了革命暴动，包括发生在1920年的一场极端右派民主主义革命以及1923年11月发生在慕尼黑的另一场革命，希特勒第一次在其中起到了至关重要的作用。在此前后，左派政治普遍的吸引力和影响力都呈下降趋势，包括共产党人以及令人尊敬且温和的德国社会民主党。在很长一段时间，读（或想读）《西方的没落》的德国人要比读《我的奋斗》的人更多，即使购买和阅读《我的奋斗》几乎成为了一种强制性的行为。资本主义制度与资产阶级气质，特别是当两者与英国和法国胜利者联系在一起时，它们对于如今民主化和立宪制的德国魏玛共和国并没有什么影响，一些新的东西在此孕育生根发芽。这是一种意识形态而非哲学——国家社会主义。由卡尔·马克思以及其他人所倡导的国际社会主义经济唯物主义原则认为阶级比国家更加重要，它无处不在。马克思忽略了民族的存在。他没有意识到，民族和国家并不相同。或者说，特别是在一个大众政治的时代，民族情绪经常要比国家利益更为强大。这在1914年乃至以后就显而易见了。民族认同意识比阶级意识更加重要。事实也的确如此，几乎在每个民族和阶级，都以这样或那样的方式表达自己的民族认同意识。

这样的民族主义意识更像是反资本主义者而非反社会主义者，尽管资本主义有时并未表示出显著的国际性。在20世纪初期，一些政党选择声明称自己为“民族社会主义者”。（例如，波西米亚的捷克民族社会主义者迅速脱离德国的社会主义政党。）在1920之年后，民族的社会主义的出现以及影响传播开来，特别是在中欧。显然它们在强调“民族主义的”这个形容词。在德国，民族主义很快得到了他们对手的承认，他们的对手希望通过使用缩写的“Nazi-Sozi”代替“Nationalist-Sozialist”（社会主义国家）以嘲笑他们。现在，我们注意“Sozi”这个缩写词，它很快就消失了，而“Nazi”却依然存在，可见后者比前者更为重要。

希特勒对此十分明白。尽管，支持他的其他德国民族主义者并不是社会主义者，但他最终也赢得了大量先前的社会主义者的支持。这里要讲述奥地利的例子。类似德国的国家社会主义，奥地利社会民主党是基础牢靠且相当受人尊敬的政党。在第一次世界大战之后，奥地利社会民主党获得了大多数奥地利选民的支持。但是，与德国一样，奥地利认为并感觉到他们受到和平条约不公正的惩罚，致使几百万讲德语的奥地利人转移到了捷克斯洛伐克、南斯拉夫和意大利。因此，在1920年，多数奥地利人赞成德意志奥地利共和国，这意味着在民族自决基础上的与德国的某种联盟。直到1931年，当法国反对德意志奥地利关税联盟时，同盟国才禁止了这种联盟（除此之外，这样只会使得德国比1914年之前更加强大）。更为值得注意的是，当其他两大政党力量减弱时，奥地利当地的一个民族社会主义党开始吸引它们的跟随者。这也得益于特别是在大学生当中存在的奥地利的反犹者。值得一提的是奥地利“民族主义者”极为不合逻辑的地方：作为一名奥地利公民宁愿忽视其“奥地利人”的身份以及其对奥地利国家的忠诚。他是一名讲德语的奥地利人，或者坦率来说就是一名德国人，同时也是奥地利与德国联盟的效忠派。直至 1933 年，所有一切都是按照有利于希特勒的方向发展的。那时，奥地利纳粹党也即将在奥地利发展成为一个大党派。

在法国革命以及拿破仑战争之后，欧洲大部分国家出现了一种保守反应。但是这种保守反应并没有持续很久，尽管它在某种程度上被恢复的君主制国家以及他们的人民所支持。在第一次世界大战之后，这样的保守反应不复存在，也没有普遍或过度渴求任何事物，像对待维多利亚主义那样。一种被抑制而阴暗的灰色笼罩着欧洲大多数国家以及许多欧洲人的内心。对未来的乐观远远没有形成广泛的共识。与此同时，美国是一个有着明亮灯光和无数财富的地方。到 1918 年，美元已经取代英镑成为世界上最主要且稳定的货币。尽管如此，美国还有很长的路要走。

在货币贬值中，普遍的悲观和不安情绪是显而易见的。在 1918 年之后，通货膨胀而非通货紧缩，折磨着大多数的欧洲国家。货币时代是 19 世纪而非 20 世纪，原因在于：其一，几乎普遍的金本位制；其二，对于国家货币的信任。（例如，纵观 19 世纪，法国爆发了战争以及三次革命，但法郎的价值依然在很大程度上是稳定的。）战后政府暂时没有控制通货膨胀。一个经典的案例就是德国，自 1918 年之后，德国渐进的通货膨胀在 1923 年已经增加到一个不切实际的比例，除了在第二次世界大战期间以及第二次世界大战之后甚至现在所发生的更大灾难之外，这是德国人民需要牢记和避免的又一大灾难。大约在 1923 年年末，欧洲政府引进新的货币流通作为一种缓解手段而被接受。欧洲的大多数国家，仿佛已将平静耗尽不再怀念或渴望回到过去，回到 1914 年之前的那个世界。

第四章
勇士们！兄弟们！

◆

共产党员—他们恐惧的本质—犹太人的状况

◆

在世界历史的长河当中，发生在苏联的1917年共产主义革命是一种异常现象。在马克思的《共产党宣言》问世后的70年间，各地大多数的工人阶级对共产主义并没什么兴趣。在圣彼得堡起义前的几天（包括起义期间），列宁军团认为将圣彼得堡的哥萨克军团印在海报上并加上标题“勇士们！兄弟们！”，是大有益处的。这是一支最令人害怕并让人憎恨的沙皇统治下的部队。布尔什维克是对的；1917年，那些话多而穿着双排扣长礼服的城里人——哥萨克人并不想冒险防御克伦斯基。进一步的证据是千变万化的。1919年，共产党人在欧洲的短期尝试（诸如在慕尼黑和布达佩斯），包括他们令人反感的恐怖主义行动，一直都让他们潜意识中感到非常恐惧：害怕他们不受欢迎，害怕他们的敌人，这种害怕不仅存在于以前的统治阶级当中，而且还存在于人民群众当中。

当然，如同其他所有最初的人类现象一样，恐惧感并不简单，它常常与仇恨联系在一起。然而，至少在西方世界中，20 世纪的共产主义思想以及亲共产主义知识分子是与恐惧不可分离的：害怕资本主义的压迫，害怕“法西斯主义的支持者”，害怕“反动派”，害怕民族主义群体，害怕他们对手的阴谋。作为恐惧的一种补偿，他们理智的信仰认为，共产主义是唯一进步的意识形态，带领他们走向未来，走向他们的未来。

恐惧感和胆小的倾向性并不一定是同一件事。勇气是克服恐惧的一种能力，植根于每一位战斗中的战士内心深处。但是精神分析的断言不应归入 20 世纪的简史当中。正如塞缪尔 · 约翰逊明智地表述：“目的必须从行为中获悉。”我们的目的在于讲述 1924 年列宁去世之后的苏联历史。大量实质性的改变是由约瑟夫 · 斯大林制定并实现的。在此之前，斯大林并未被人们所熟知，但在之后的 28 年间，他成为了这个大国的统治者。除此之外，第二次世界大战也发生在这段时间。

斯大林承认两件事，其中第二件事情比第一件事情更加重要且更具决定性，虽然第一件事导致了民众的穷困、饥荒以及超过一百万人民的死亡。这件事就是农业集体化：两个从拉丁文衍生的单词并不能表达其巨大的影响。换句话说，数以百万计的农民被迫从他们的居住地迁移到由国家管理、监督的农场和食品生产工厂。斯大林通过这样的方法来增强苏联的农业生产，最终的结果即这种最激进的计划令人觉得可疑。然而，由于苏联农民习惯性的被动，并没有造成什么严重的政治影响。在 1930 年之前，对于生活与工作在苏联农村的人民来讲，他们的日常生活并没有什么改变，这种情况不会一直保持原样。

斯大林政策的目标之一在于，终止自1917年以来由布尔什维克接管苏联后的众多做法与趋势。消除并禁止这种自1926年斯大林开始的激进而貌似先锋的文化活动。从长远来看，这是不可或缺且更为重要的部分。这是以国际共产主义为代价的苏联民族主义的进步（毕竟，这是分散在世界各地的共产主义知识分子的主要吸引力之一）。1924年1月，列宁逝世，之后斯大林当选政党领袖，成为列宁的接班人。他在两年的时间里除掉了他的主要敌人列夫·托洛茨基，迫使其离开苏联。现在我们来讲述一下斯大林与托洛茨基的对决。托洛茨基是一名国际共产主义者，在某种程度上，他也是一名知识分子，但斯大林却不是。他们是天生的对手和敌人，不仅因为他们的思想意识不同，同时也因为他们的个性和背景的不同。14年后，失势流亡在墨西哥某处的托洛茨基被人暗杀。

与他们的对决相比，斯大林思想的形成显得意义更为重大。在此，我们只有一些1929年至1939年之间零碎但有意味的迹象表明，当时他不仅很受欢迎，而且在第二次世界大战爆发的几日前，他还接受了希特勒有关打破世界秩序的协定。斯大林为人十分神秘，但是他四处发表言论，大意是说国际主义不切实际，如果不想落伍我们现在就必须认真考虑民族主义，因为这与苏联领导阶层的转变完全是一致的。在列宁早期领导的政府体系当中，重要的人民委员大部分都是犹太人，而在这个国家，犹太人恐惧症广为传播且有时情况极其严重。到1938年，苏联共产党的领导阶层几乎没有犹太人，驻外事务处的一些官员（包括外交事务人民委员马克西姆·李维诺夫）除外，斯大林之所以保留这些犹太官员可能是因为他们的国际知识与关系。还有一些其他例外的情况，考虑到一些犹太共产党人的价值极小，他们被放逐到墨西哥，这对于国际共产主义思想有一定的益处，但对斯大林却没有任何的影响。

现在，历史将把我带到一个敏感而艰难的主题，我认为不能也不应该排把它排除出20世纪简史的范围，这就是犹太人（主要为欧洲人）在这个时期的历史。众所周知，在第二次世界大战期间，近600万的犹太人被杀害或失去他们的生命。犹太人大屠杀并不是第二次世界大战的一个脚注，因为至少有一名法国的反犹太分子（让·玛丽·勒庞）近期曾这样声明过。犹太人大屠杀是那次战争的重点，因为，无论在公众的眼中，还是在战争的缔造者阿道夫·希特勒的个人决策和表述中，它都是一个主要因素。即使没有希特勒，犹太人的存在（对于很多人，犹太人的问题）以及他们在众多国家的影响也将属于20世纪的历史。

所有的文库，包括学术作品，都致力于研究犹太人的历史，然而，20世纪是一个新的篇章，不仅是因为犹太人大屠杀的暴行。本书并不是要分析、描述甚至总结犹太人民以及他们努力走过的数千年历程，而是表明犹太人在过去至少是2000年来被隔离、受歧视、遭受偶然迫害的原因是宗教，尽管它们常常与种族或民族的情感分不开。但是，大约在1870年，发生了一次改变。当时，出现了“反犹太主义”（anti-Semitism）这一词语，并延续至今，尽管这个词语根本不准确（犹太人不一定是闪米特人，所有的闪米特人也不都是犹太人）。这个词语的言外之意是指种族而非宗教。此外，这个词语还包括那些不再信犹太教转信其他宗教的人，这里的其他宗教主要是指基督教。这意味着，除了其他方面之外，他们依然在情感和信仰方面是犹太人，因此，对在他们所居住的国家来讲，他们都是危险分子。早在16世纪，西班牙就出现了普遍而强大的势头，宗教法庭关心的不是那些转宗教者的民族，而是他们信仰的真实性。

大约在19世纪，两个新情况的出现，从而导致了新的“反犹太主义”。第一个情况是犹太人在许多欧洲国家以及美国的部分地区的急剧增长。1800年，全世界有80%或90%的犹太人是在俄罗斯帝国和波兰境内，他们常常受到限制，还不时遭受杀气腾腾的敌意。1900年，犹太人大规模向西迁移的步伐还在有条不紊地进行中，经过一个世纪的时间，在诸如匈牙利、罗马尼亚以及奥地利等国家，犹太人口所占比例从1%增加到了5%，甚至更多。他们在西方国家首都的人口所占比例更大，例如，在维也纳，犹太人口占其本国人口的14%；在布达佩斯，犹太人口所占比例是20%；在纽约，犹太人口所占比例几乎达到30%；在巴黎，犹太人口所占比例超过5%。犹太人口比例不断增长的主要原因在于这个世纪的特征，包括进步与自由主义的统治思想以及对工业和贸易的重视。最终导致欧洲各国政府不断提高对犹太人实施的法律限制标准（俄国和罗马尼亚除外）。然而更为深刻且民粹主义的结果即对犹太人产生了一种新的敌意。

在20世纪早期，政治家、公众人物以及作家认为他们的主要任务是使自己的国民警惕犹太人，警惕他们在诸如金融业、银行业、新闻业以及其他对犹太人开放的行业中的影响程度。甚至有些类似极端右派的小政党的领导人坚信并声称犹太人的“问题”是他们民族的主要问题。在1914年之前，情况确实如此，1918年，他们受到人们的注意，但是并没有太大的变化。其中一个原因在于大量从俄国向西迁移的移民正在减少。另外一个原因则是东道国接受成千上万的犹太人并不意味着他们受到热情的接纳。犹太人并没有获得解放，而是继续遭受诸如政治、法律以及社会方面的限制，尽管这些限制是有限的。毫无例外，几乎所有的犹太人不能担任军队的高级指挥官、高级外交职位、重要机构的领导以及政党领袖。他们在社区和学校等地方也都不受欢迎。甚至在美国情况也是如此。毫无疑问，这种情况对犹太人造成了巨大的挫折和痛苦，但并没有造成很大伤害。（天主教会是一个例外。尽管，在1870年之后，他们的成员和发言人经常是强烈的反犹太主义声音，但是梵蒂冈欢迎这些改变宗教信仰的人，并将其中一些人安排在重要的主教职位上。）

犹太人所受到的主要威胁来自新民族主义势力，这支力量越来越受到年轻人的欢迎，特别是在某些国家，诸如德国和奥地利。在一个民族共同体中，犹太人被视为外来人口，没有也不应该有他们的容身之所，包括那些现在以及在此之前改变宗教信仰的犹太人。因此，我们可以看出，特别是在欧洲，在新的犹太人恐惧症中，另外一个不可或缺的元素即民族主义在1870年之后开始崛起，紧接着在1918年之后，开始占据主导地位。在此之前，犹太人常常是不被其他人喜欢的对象，原因在于他们看似奇怪的宗教以及习俗，包括奇怪的服装、奇怪的胡子、奇怪的讲话等，他们是看得见的少数。但是，如今，对于那些看起来几乎与周围的非犹太人没什么区别的归化犹太人的特别敌意和关注也几乎无处不在。这种敌意既是来自种族的也是来自精神层面的。对于许多人来讲，犹太人代表着甚至体现了一种感知的危险，或许是对整个民族的危险。

对于许多地方的许多人来讲，1918年之后，由布尔什维克执政的苏联的许多领导人是犹太人，这使得情况更为恶化。“犹太布尔什维克主义”这一短语至少存在了20年。我们就会明白，在希特勒看来，犹太人和共产党人是其主要的敌人。希特勒相信犹太人和共产党人对于德国1918年战败是起到推动作用的。因此，他常常使用“犹太布尔什维克主义”这个词语。但是，如果我们仔细查看他的公开言论和私人表述，则可能会发现他并不是真正认为这两个词的意义是相同的。他对犹太人的憎恨超过了对共产党人的憎恨，但是他知道将它们看作对等的两个词语是有益处的，因为这样可能会得到大众的认可。所以，希特勒继续使用这种流行的用法，特别是在 1941 年之后，甚至在 1945 年他逝世前不久的最后一次公开演讲中，他也使用了“犹太布尔什维克主义”这一表述。然而，大量的实例证明了希特勒对斯大林的崇拜，他承认斯大林统治下的苏联根本不是犹太人统治的国家。

极端右派与极端左派基本上仅存的差异在于憎恨属于前者，畏惧属于后者。 然而事情并非总是如此。在 200 年前，独裁主义王国及公爵领地的旧右派，包括保守派、贵族以及警察，他们都害怕法国革命的思想，害怕这些思想的影响力以及这些思想潜在的代表人物。左派（那时还包括年轻人，而现在并非如此）憎恨这样的政权，憎恨它们的统治者以及警察，当左派产生畏惧的时候，他们的畏惧中夹杂着蔑视。

随后，大约在 1870 年发生了改变。民族主义逐渐取代较为古老的的爱国主义形式。与阶级斗争的情绪相比，民族主义被证明是一种更强大且更持久的牢固联系人民大众的思想。民族主义的极端表现远不止于对外国人的厌恶。它的表现还包括对居住在他们国家的男男女女的一种轻蔑的憎恨，民族主义者将他们看作主要的甚至是谋反的非民族主义者。这不是一种贵族化或保守的现象，而是一种民粹主义。它表明自己适用于各式各样的民族和国家，它吸引了许多革命的年轻人，而他们的敌人，特别是犹太人，不久之后，就对他们产生了畏惧。

憎恨比畏惧更强大。这两种感情都存在于动物当中。但是在人类的世界里，憎恨最终导致自我毁灭。从长远来看，憎恨并不是一直盛行，而畏惧却时常存在。然而，从短期来看，对于那些体验或理解憎恨的力量大于畏惧的人来讲，这并没有给他们带来丝毫的安慰。除此之外，与畏惧相比，憎恨可能涉及更多的参与：人们讨厌他们讨厌自己，或者他们经常讨厌与他们亲近的人或事。什么是复仇？不过是希望通过让别人痛苦而治愈自身的痛苦。乔治·贝尔纳诺斯曾在《反抗的精神》当中写道："关于人类的憎恨或情谊，有这样一个原则。我担心反叛者永远不能承受爱其所爱与恨其所恨一样多。"

通过以上政治－意识形态的角度，我们可能注意到在极左派的群体中存在着畏惧情绪，而在极右派群体当中则存在憎恨的情绪。然而这种现象对于极端主义的信徒是不受限制的，无论是在左派还是在右派当中都存在着同路人。后者的畏惧经过民族主义者所认可的愉快情绪得到了转化。这不是分类而是一种趋势，同时也不是将这些倾向简单归为政治意识形态的吸引力。它们属于人类特性，因此是复杂的，倾向性与可能性既不是不变的也不是一定的，也不是通过诸如"专制的人格"或是"极权主义的诱惑"这样的概念就可解释得了的。

男人和女人没有思想。他们选择思想。

第五章

“挥别昔日的世界”

◆

美国的独特性—美国的影响不同于其他强国的影响—20世纪20年代美国的繁荣时期—第一个（或许是唯一的）“现代10年”—1929年及之后的萧条期，以及美国人的乐观主义：没有畏惧也没有憎恨

◆

美国的历史不同于那些大帝国的历史。将18世纪称为“法国的世纪”或是将19世纪成为“英国的世纪”都显得不够精确而有些夸大其词。然而，将20世纪称为“美国的世纪”却是恰如其分的。当然，法国的影响以及随后英国的影响，以及对于它们的文明制度与习惯的一些效仿，超越了这些伟大国家的国界；但是美国对于世界的影响却更加广泛，甚至可能更具有决定性。从最开始起，美国就代表着民主的进步。伟大的亚历西斯·德·托克维尔意识了这点。他天才地看到了改变，这不仅仅是从法国与英国的世纪向美国世纪的过渡的改变，而是使法国

（以及世界上的大多数国家）在几千年之后开始苏醒的改变。这是从贵族时代向民主时代的演变，从少数统治向多数统治（或者至少是假装统治）的演变，即历史结构的彻底改变。

1914 年的美国几乎已经成为了世界上最强大的国家。随后在 1917 年，美国选择进入欧洲战争，这违背了美国的传统以及一些创建者的警告。同时，这也导致美国民意和民心发生了错综复杂的转变，从开始的美国和平主义到美国军事狂热，再到战争不久后开始远离欧洲的倾向。与此同时，美国进入欧洲以及造成的影响是非常成功的，它决定了西方盟国的战争结果。美国士兵的伤亡数是英国士兵伤亡数的十分之一，而与法国相比，美国士兵的伤亡数则更少，在这场持续了四年多的战争当中，法国虽然最终取得了胜利但其力量却被严重削弱。在第一次世界大战之后，美国的繁荣与美国人民的幸福是无可比拟的（同样，在第二次世界大战之后也是如此）。为了解释这种现象，我们需要指出美国的天然优势。事实上，美国与其他大洲被世界上最大的两个海洋分隔开来，而且美国是一个巨大的大陆块，拥有大量的国家资源，但这些都是表面现象。从墨西哥到阿根廷，很多中美洲或南美州的共和国也具有相同的条件，但是它们的政治与社会历史无论是在过去还是现在都不及美国的历史显著。抛开美国的不足之处，美国的相对自由、独立、安全、繁荣以及对法律的尊重均来自对其讲英语的祖先的继承与发扬，其中很多遗产在 20 世纪得到广泛的传播。1920 年，英格兰或苏格兰或爱尔兰裔的美国人占美国人口的比例不超过五分之一（在 80 年前，托克维尔就已经称他们为“英裔美国人”了）。但是，美国的习俗以及制度的同化力量是惊人的，它使得美国的势力、繁荣以及声望变得与众不同。（这样的一份历史遗产同样在美国北部的邻居加拿大的特征当中也表现得十分明显。）

所有这一切导致了一股巨大的移民潮，而这股浪潮在第二次世界大战之后又重新开始。（还包括其他美洲的共和国，特别是巴西和阿根廷，后者的人口数量在 1880 年之后增长了四到五倍。）然而在 1919 年之后不久，美国人民和政治家们决定关闭这扇“金色大门”，虽然不是完全关闭但在很大程度也确实如此。在美国历史上，1921 年和 1924 年出台的两项移民法案首次大幅度地限制外来移民进入美国。早先时候，民意已显示反对外来移民，从而导致移民在较小范围得到限制，主要是排除掉那些真正或潜在的不法移民分子。但是 1921 年与 1924 年的法案，反映了 1918 年后开始影响美国政治的民意，那是与生俱来的一种对欧洲(或至少是针对一些欧洲人)的强烈反感。从更广泛以及更深远的意义来看，这些法案也显示了美国人民在今后十年中的双重性。许多美国人，有时候甚至是大多数美国人都相信他们的国家在 1917 年至 1919 年间参与第一次世界大战并与欧洲联合是一个错误。共和党利用这些民意并将其作为自己的口号“回归常态”（一个奇怪的词语）。共和党批判伍德罗 · 威尔逊（他在 1919 年年底中风）并在 1920 年的总统选举中赢得了大多数的支持。《移民法案》在选举的激发下最终出台。他们确定了每个国家的移民配额，严格限制来自东欧和南欧移民到美国，并且同意将其中的小部分配额分派给西欧、北欧以及德国人。认为在这些歧视当中存在种族的因素，虽然不准确但也并非完全不真实，我们称其为“孤立主义”，这意味着将新世界从旧世界的存在与影响中隔离开来。

当然，美国的孤立主义远非彻底的孤立。《移民法案》存在一些漏洞。许多的“孤立主义者”特别是其中的共和党人一边支持美国与欧洲分离，一边推动美国增强军事力量以及在太平洋的制海权。更为重要的是，在很大程度上，这些观点与国民倾向于支持的法律支配道德的观点是相一致的。“孤立主义”与《美国禁酒令》的倡导者都是同样的人，后者试图限制全美国人口对酒精饮品的消耗。在整个20年代，美国城市（特别是纽约）与乡村间在地理上和人口上的差距依然很大很深（或者更确切地说，非常大而不是非常深）。与此同时，共和党受大众欢迎也是不容置疑的，因此导致在20世纪20年代，美国总统选举中，有三位总统来自共和党，他们分别是沃伦·哈定、卡尔文·柯立芝以及赫伯特·胡佛，但他们都能力有限，特别是前两位。

然而，美国政治的结构就是如此，所以并没有太大的关系。在第一次世界大战之后，真正重要的是美国乡村的影响，它不仅影响了这个国家的农村地区，而且影响遍及全球。到1920年，美国至少有三座城市的发展要比欧洲的首都大城市发展迅速，当然，纽约首先是其中之一。更重为要的是，这些城市吸引了各式各样的美国人，特别是作家、记者、艺术家、知识分子以及怀着雄心壮志的男男女女。经验丰富的哈罗德·尼科松在1927年访问美国之后，他写道“美国人都是城市人”。（也许在当时他是对的，但是没过多久，大约始于1950年的郊区化结束了这种城市特征。）但更为显著的是，在1920年之后，美国的影响如同一阵风刮向了整个欧洲以及世界其他地方。欧洲各地挥别“昔日的世界”，不再怀念维多利亚女王时代和英王爱德华时代的行为举止，更不用说他们的“价值观”了。此时，掀起了一场关于时尚的革命，特别是女性的服饰，在近代历史上发生了破天荒的改变（几个世纪以来第一次，裙子的长度不仅是上下减少几英寸，而是长度缩短超过了一英尺）。其中一些时尚（包括女性更短的发型）起源于美国，不过主要是来自纽约。与此同时发生的是男性与女性关系的改变。希望摈弃过去的标准的趋势，在艺术、文学以及建筑学方面表现得尤为明显，例如几乎没什么装饰，采用混凝土结构的摩天大楼。这一切的改变只出现在局部地区，然而，很久之后这些改变开始遍及各地。

这些“现代”事物也影响并渗透到了美国的乡村。在20世纪20年代初，它们的传播工具之一就是汽车，或者至少是亨利·福特批量生产的汽车，到了20年代末，三分之二的美国家庭拥有一辆汽车。人们可能会认为，在美国以及其他地方，20世纪20年代不仅是第一次，也许是唯一真正的“现代化的十年”。（在之后的20世纪五六十年代，表面显示出的朝气蓬勃和“革命性的”改变并没什么实质内容，只不过是对20年代现代化的进一步夸大。）这在美国的语言中表现得尤为明显。在20世纪20年代，“现代”在整个美国成为一个受到认可和赞赏的词语，而“守旧”几乎在任何意义上都是不被赞同的词语。摩登女郎就是十足美国范儿的女孩（而在英国以及欧洲其他地方“摩登女郎”这一表述却有轻微的不雅的意味）。

在很大程度上，电影促进了现代化发展。然而或许，最生动而持久的有关美国对于20年代的品位与文化做出贡献的实例，就是美国的流行音乐，这是一种全新的、周全而精细的美国贡献。将美国的流行音乐全部都描述为“爵士乐”是会让人产生误解的。这暗示20年代美国流行音乐的创造者是非裔美国人。从最开始起，在美国的流行音乐的声音与节奏中就存在这样一种元素，但是20年代的作曲家一般都是欧洲裔移民美国的子女，也就是第二代美国人，同时还包括年代久远的拥有美洲血统的美国人，例如厄文·博林、乔治和伊拉盖希文兄弟、杰罗姆·柯恩、理查德·罗杰斯、劳伦兹·哈特、霍奇·卡迈克尔、文森特·尤曼斯以及科尔·波特。他们的歌词并不总是与他们音乐的节奏以及和弦相匹配的，然而，不可比拟的是后者直到现在依然广受欢迎，尽管，大约在1955年之后，那种音乐的黄金时代早已褪去并几近消失。与电影相比，它们的成功与流行的媒介是美国的音乐剧，而这种音乐剧曾有段时间被错误地认为多半是类似中欧的小歌剧。我们对这种音乐进行了认真但并不精确的调查，结果发现它的最佳听众与消费者多数来自美国上层与市民阶层，而非底层人士（尽管最好的艺术家与表演家常常是非裔美国人）。然而，美国人对于社会学的（甚至超过社会图示的）分类与区分经常是不准确的。我们可能注意到，尽管先前存有1921年、1924年的移民法案，由于其中一些特别规定，从而导致20世纪20年代的许多欧洲的音乐家、作曲家、画家甚至还包括一些享誉全球的艺术家随同建筑师、哲学家以及其他知识分子汇聚在美国。也许唯一可以与之相提并论的就是在两千年前希腊的大批人民离开前往罗马。在20世纪三四十年代，也就是希特勒的时代，成群的难民再次涌向美国。然而，在20年代第一次浪潮（更精确地说是涓涓细流）抵达时，其中必须承认的一个重要原因，即尽管“孤立主义”暂时盛行，但是在20世纪20年代，欧洲文化对于美国人的影响（以及相反美国文化对欧洲人的影响）要比十年前大得多。

尽管如此，这给我们带来一个全国性的现象，即美国在20世纪20年代所具有的独特本质；换句话说也就是还未充分发展却庞大的美国“中产阶级”。作为一个社会分类的术语，中产阶级开始在世界其他一些国家失去意义。但是在其他方面，特别是在20年代，美国是领先于这些国家的。“中产阶级”在传统上意味着一个相对的薄层，介于上等阶级（大部分为贵族，但非贵族独专有）与大量较低层和最底层阶级之间。但是，在美国（在一定程度上还包括加拿大、澳大利亚以及新西兰）早在20年代以前，中产阶级不再是一个“阶级”而是一种整体现象。中产阶级队伍在社会金字塔中不断膨胀扩大，而且确实在很多方面占据着主导地位。根据一项研究显示，截至1927年，超过67%（之后是80%）的美国人把自己描述为“中产阶级”。这在世界历史上是十分新鲜而独特的，尽管这样的定义和统计并不精确，因为“中产阶级”不是简单通过财产或收入来决定的，而且要通过学历以及职业来决定。此外，欧洲的资产阶级在美国并不是一个被认可的阶级，甚至只是一个阶级的部分而已（尽管在欧洲“市民”一词源自城市，且与城市这一词语相关）。同样类似的问题，即对于“中上”与“中下”阶级的区分，在美国，两者的区别并没有什么与众不同。不管怎样，美国并不是一个无阶级的社会，尽管“阶级”分类变得越来越不明显，并且不能立即或很容易被识别出来。与此同时，大多数美国人的生活习惯甚至价值观不知何故都表现为中产阶级（尽管在20世纪末，“阶级”与“上等的”在美国语言中都成为表示赞许的词语）。

这种近乎的普遍性大多是明显的，的确，它已经深深嵌入大多数美国人的思想与世界观当中。他们所有乐观主义的习惯以及对于“进步的信仰”有时是有意识的，有时候却是轻率的。在20年代，美国时而表面化但又非常普遍的乐观主义，是大多数美国人与许多欧洲人之间的一个巨大差异，当然其中的理由不止一个。但是，或许无须辩解（或可以赞同的）是美国的信任与信仰，几乎总是让人毋庸置疑的。最重要的是，在不停前进，确切来讲是永无止境的科学的发展当中，几近普遍的哲理，对其肤浅的应用出现在一些美国宗教发言人和传教士的宣言当中。

回顾过去，美国这种乐观主义信念的神奇之处在于坚持不懈，即使在 1929 年的大萧条时期也是如此。美国人是一个实用主义的群体，他们认为将他们进步的哲理应用于他们个人生活以及资产方面是轻而易举又恰如其分的事情。很少有人（甚至如今，依然没有太多人）承认促进民主主义的要素之一是通货膨胀，在 20 年代初期，出现了一个较小的金融危机，但是并不碍事。在这 10 年的大多数时间里，伴随着“中产阶级”的突起，几乎每种东西的价格（以及假定值），包括不动产、股票、债券等都上升了(在有些地方，有时候其价格的上升甚至超过了贪婪的界限)。正如我们所看到的，美元的声望继续享誉全球，到 1918 年它已经取代了英镑，并且在整个大萧条时期以及在 1933 年美国废弃金本位之后，美元的主导地位在很大程度上继续保持着。第一个真正的问题迹象出现在 1926 年：佛罗里达土地繁荣的瓦解以及不动产价格的下跌，这是一个典型而极端的通货膨胀。这本应该是一个信号，但是却几乎没有引起美国人的注意。在 20 年代，连续几任来自共和党的总统的主张及口号鞭策着国民痴迷于发展。这个国家的领导人并没有警告或是告诫他们的人民。（一个语言学家的评论：一直到 20 世纪 50 年代中期，“保守”一直是一个几乎被所有美国政治家所摒弃甚至是痛恨的词。）随后，1929 年 10 月，纽约股票市场突然出现了价格的急剧下跌。在此之前，美国的金融历史有过类似的现象，但是并没有达到如此程度。更重要的是，在一定程度上，1929 年，美国人放在股市的钱要比以往更多，比世界其他任何地方都更多。但其价格在很多年间一直没有恢复，直到大约10年之后才有所好转。

当然，股市崩盘带来了各种各样的影响，高失业率是其中最为严重的后果。然而令人惊讶的是，这并没有削弱美国人对他们国家价值观的信任。在欧洲，德国的大萧条形势更为严峻，各地的失业率要比美国更高。但是，大萧条在德国还存在严重的政治影响（尽管它经常被援引作为希特勒政权崛起的主要原因）。而美国却没有这样的政治影响。其中一个迹象即，1932年，美国共产党员赢得投票的最大份额，但也只有0.25%的优势（尽管，相当多的美国知识分子在1932年宣称他们自己是“共产党员”）。1932年，美国人民给予富兰克林·罗斯福的最大授权无疑是一个转折点，尽管在随后的几年其金融与经济的影响发展相对缓慢。在20世纪的简史中，我们还需要注意到美元的国际价值在20世纪30年代几乎没有发生改变。而且，更为重要的是，美国的影响与声望一点儿也没有减少和降低，在那10年中美国继续保持其发展势头。美国与美国人民坚不可摧。也许，不假思索的乐观主义以及对于发展的信念算是一个有利影响。在一些欧洲国家，至少对于他们的狂热分子来讲，在政治与社会领域对恐惧与憎恨的表述十分频繁，但是对于大多数得体而容忍的美国人来讲，却鲜有这种情况出现。

在20世纪20年代，两项长期的全球性发展正在进行当中，它们带来了持久不衰的影响。其中之一即白种人逐渐停止迁移到其他大陆建立家园。在美国（以及加拿大）境内，人们还在不停地向西迁移（沿着“边界”），然而在英国、法国以及荷兰仍保有的殖民地，人们却不再从本国迁移到其他国家了。在某些情况下，白种人开始从殖民地返回自己的国家，向南美迁移的人口也逐渐减少。然而，另一个发展即英语

在国际上的传播，它已取代长期受到上层阶级偏爱并当作第二语言的法语。其中一个主要因素在于美国电影和美国音乐的影响，全世界都开始仿效美国。

第六章
国境之南，穿越太平洋

◆

南半球—远东

◆

历史是人类的记录与记忆。这种知识必然具有选择性和局限性。这种局限性所涉及的知识不仅仅包括人类，而且还包括地球本身。几百年前，在人类发现地球形状与纬度之前，并不存在“北半球”与“南半球”这样的术语。除此之外，赤道是人类发明的一种抽象的环线。然而，数百万的人类向赤道以南迁移却是存在的事实而非人类的发明，他们北方的邻居对此有所觉察。这种变化至少持续了600年。大量的白种人从北半部向南、向西迁移，一直持续到20世纪的前半段时期。所有的大陆，包括北美、澳大利亚和新西兰，以及部分南美和南非已经成为了白种人的居住地（直到第二次世界大战才开始出现一个反向的移动）。1914年，整个非洲属于欧洲联盟成员国的殖民地，其中，唯一的两个例外就是位于非洲西部边缘的利比里亚和非洲东部的阿比西尼亚

（埃塞俄比亚）。60 年之后，非洲不再属于欧洲的殖民财产了。

南美洲与中美洲的历史并不是如此简单。对第一批西班牙征服者，那些在哥伦布之后不久登陆并进入加勒比海内地的西班牙人来说，这些新的土地无疑属于他们和西班牙。很快，他们征服了阿兹特克与玛雅帝国，镇压当地的人民，或是将这些人民限制在他们的居住地内。西班牙人的殖民地化令人十分惊讶，但同时又十分成功，他们强制被征服的各个部落的人民遵循主教的规定并使用西班牙语。而同样令人惊讶的是，西班牙征服者在很大程度上并没有将更多的西班牙人移民到他们的殖民地。西班牙征服者的后代认为他们与西班牙的关系变得越来越疏远。由此带来的影响即一个小的统治阶级，他们几乎分布于讲西班牙语的美洲各地，他们是有着西班牙血统土生土长的西班牙人，他们想要篡夺统治权，想要越来越独立于西班牙和少数的西班牙总督。

随后，在临近 18 世纪末，北美和法国爆发了革命。他们的知识分子的影响对于大多数的非西班牙语人民以及非白种人来讲，几乎为零。1803 年，在海地由杜桑 · 卢维杜尔领导的反抗法国的奴隶起义是一个例外。但是，他们对于一些统治者，特别是较为年轻的统治者的影响是相当大的，甚至是不可避免的，当时的社会并不是中产阶级或是资本主义性质的社会，而是由一小部分封建主义且军事化的上层阶级统治的社会。在 1810 年以及不久之后的墨西哥，几乎所有的西班牙总督的辖区，南至阿根廷，迅速爆发革命并宣称自己为共和国。巴西是一个例外，但是也许仅仅是在语言方面：巴西并不是西班牙殖民地，那片巨大的美洲的土地在 1494 年就通过教皇仲裁拨给葡萄牙，直到 1889 年，巴西都一直被葡萄牙帝国统治。

但纵观 19 世纪，巴西的社会结构与其他那些南美洲与中美洲的小国家并没多大差异。1830年，在有才干以及雄心勃勃的军官（例如西蒙·玻利瓦尔、何塞·德·圣马丁以及伯纳多·奥希金斯）的带领下，这些共和国从西班牙的统治中获得“解放”，这改变了美洲，甚至是全世界的版图，并保持至今。（1860年，哥伦比亚共和国更名为新格拉纳达。）几乎所有的共和国都开始吸引大量的移民，特别是来自意大利南部与德国的移民，从而改变了其中一些国家的人口特征，这在阿根廷表现得尤为明显。同样，与北美洲人民一样，许多南美州与中美洲的人民向西和向南迁移，越过了他们各自一直在变化的“边界线”。然而，南美洲和中美洲与北美洲的历史却截然不同。南美洲和中美洲的国家几乎都拥有发展缓慢的数量少的中产阶级。（智利是一个例外。）尽管，他们不遗余力地致力于解放、自由以及民主，但却常常受到独裁者的统治，这里的人民至少暂时地接受了这种暴政。在19世纪期间，贫苦大众与富人在生活水平、文明和文化程度方面的差距几乎没有减小。最终使这些国家人民受益的是大量富饶的土地和丰富的自然资源。阿根廷的小麦大多出口到不列颠群岛，这使得该国在1860年至1930年间一直居于世界上最富有的五大国家之一。当时，英国的财政、工业和工程，包括铁路建设都在阿根廷大有作为，但是却几乎没有英国人移民到阿根廷，也没有造成什么文化或政治方面的影响。随着阿根廷人不断地努力适应欧洲的模式，他们主要以法国为模型，到1910年，他们令人瞩目的街道、建筑物以及都市景观与法国的都颇为类似。（不同于巴西，阿根廷在第一次世界大战并没有加入美国和英国的阵营。在第二次世界大战末期，也是极其不情愿地加入其中的，而当时多数的阿根廷民心早已显示出了反英的情绪。）

但是在 20 世纪，几乎所有的中美洲和南美洲国家在社会结构与政治方面都循序渐进地开始转变。口号、实践以及对民粹主义的号召变得更为重要。因此，虽然在这独立的第一个世纪，对于绝大多数中美洲与南美洲国家，特别是对受到良好教育的人或是中产阶级来讲，他们的理想是自由，但大约在 1910 年以后（因国家不同而有所不同），这个理想转变为民主之类的事物。由此导致的结果便是一个包括大量问题的政治转型期。其中，最糟糕的例子就是墨西哥，1848 年墨西哥被美国打败并失去了其大量无人居住的地区。19 世纪的墨西哥饱受动乱与专政的困扰。有一小段时间（美国内战时期），墨西哥拥有一位皇帝，他就是由法国支持的哈布斯堡皇室的马西米连诺一世（马克西米利安）。但是，在 1867 年，他也被推翻并被当地的英雄贝尼托 · 胡亚雷斯谋杀。（1883 年，墨索里尼的父母为他们的新生儿取名“贝尼托”，这是极其少见的旧世界效仿南美洲的例子。另外一个例子就是阿根廷的探戈，在 20 世纪 20 年代受到了欧洲大众的欢迎。）

在 20 世纪初期，混乱、革命以及专政在墨西哥变得更为频繁，但是如今发生了改变。新一代蛊惑人心的政客与独裁者都是民粹主义者。普遍的公民选举权早已在此存在一段时间了，但如今“人民”选举的呼声占据了主导地位。作为一名在任时间短的新总统，维努斯蒂亚诺 · 卡兰萨在 1917 年为墨西哥制定了一部公平的宪法。三年之后，他便与世长辞。当时，反叛的民粹主义者（例如埃米利亚诺 · 萨帕塔）正在聚集力量呼吁组建他们自己的革命军队。1924 年，作为一名激进的民粹主义的独裁总统，普鲁塔尔科 · 卡列斯登上了权力的舞台。他将天主教会不仅看作进步和墨西哥人民的敌人。墨西哥天主教徒做好保护他们的信仰与教会的准备，于是一场三年之久的血腥战争在墨西哥政府与基督军之间展开了。1930年，这场斗争逐渐平息。一个独立的、强大的政党，墨西哥革命制度党（PRI）成立并开始了其对墨西哥政府（不同的领导人）长达40年的统治。之后的独裁统治体现在政治方面而非军事、专制而非极权主义方面。巴西的情况同样如此，在1930年至1945年间，由热图利奥·瓦加斯统治，但相对而言并没有对巴西的个人自由以及学术自由造成什么伤害。在富尔亨西奥·巴蒂斯塔领导下的古巴也是如此。在阿根廷，通过军事政变在1930年掌握政权的何塞·费利克斯·乌里布鲁，两年之后放弃了其不平坦的独裁统治。这一切主要归因于南美洲以及北美洲的中产阶级在诸如规模、兴旺程度以及政治影响的不断发展。在第二次世界大战期间，中产阶级将进一步发展，而在此期间的中美洲的多数领导人都选择在外交与军事政策方面与美国保持一致。

在19世纪，美国人民以及美国的一些政治家有时试图向南扩张势力。然而，除了美墨战争（1846—1848）之外，这样的情况很少发生。其中一个偶然的例子，即美国试图干涉古巴，使其从西班牙的统治中“解放”，然后依附于美国（或者依附于在美国内战初期的南部联邦），但最终并未实现。1898年，美国主要以促使古巴－西班牙内战以有益的方式结束为借口，选择向西班牙宣战。正如一些美国政治家所表述的那样，在那场“精彩的小战争（美西战争）”中，美国入侵古巴，从西班牙手中获取波多黎各，并占领了西班牙在太平洋的岛屿，但是这场战争的长期影响要比北美洲对中美洲的部分入侵更为重要。在20世纪初期，美国强迫古巴共和国割让其西北领域，并在那里新建了巴拿马共和国，其中包括一个美国的管辖区，即1903年开工，1915年竣工的巴拿马运河的两岸区域。美军对于再三陷入混乱与内战的墨西哥的干预是有限的，其中最后一次相当简短的干预发生在1916年。但是美国并没有强烈的想要增加其在南半球领地的政治倾向。美国的物质与经济财产十分安全稳妥。在1914年之后，欧洲国家在南美洲和中美洲的殖民地（一些法国岛屿，还有一些极小的荷兰以及丹麦的岛屿）很快将不复存在。更为重要的是，美国在19世纪偶尔出现的想要入侵并吞并加拿大的野心也早已销声匿迹，或许将永远消失。

在南半球，整个19世纪以及20世纪的大部分时间当中，居住于澳大利亚与新西兰的大多数英国人、爱尔兰人以及荷兰人过着他们平静而毫无活力的拓荒者生活。居住在这些土地上的原住民大多没什么能力。1899年至1902年间的第二次布尔战争是一个例外，这是发生在南非的一场英国人与意志独立的荷兰人民之间的战争，最终，英国获胜，但是这个结果并没有带来什么剧烈或长期的影响。到1910年，所有的英国殖民地都拥有了自治政府与联邦地位。1914年，他们满腔热情地支持着自己的母国，奉献了数千个男儿的生命。同样的情况发生在1939年，但是出现了微妙的变化。越来越多的英国（以及苏格兰和爱尔兰）后裔的生活习惯与北美洲的人变得相似，而不是和他们的祖先相同。

在赤道以北的多数地区，民族主义（一个不精确的表达，或许“反殖民主义”的表达更加准确）的萌芽甚至在第一次世界大战之前，或是在此之后就立即出现了。这些萌芽起因于古老的奥斯曼帝国的终结。土耳其也成为了一个共和国，但土耳其拥有一位非凡卓越的领导人，即前任军官——穆斯塔法·凯末尔，他带领这个被截肢的衰落国家进行改革并取得了进步。与此同时，在1922年至1923年的希土战争中，穆斯塔法·凯末尔彻底结束了一千年以来希腊人占据安纳托利亚（小亚细亚）

的历史。与此同时，近东的古老民族开始觉醒并成为新国家的公民，例如叙利亚共和国、黎巴嫩、埃及以及沙特阿拉伯。前两个国家是受法国保护的国家，埃及则类似英国的殖民地，但这一切并没有一直持续，只是暂时的情况而已。与此同时，中东出现了新民族主义专政，曾经的哥萨克军官礼萨·巴列维，如今成为沙阿，领导着波斯（伊朗）；（由阿曼诺拉汗领导的）阿富汗，这是一个从不被其强大的邻国殖民化的国家，无论是俄国，还是英国都没能将其发展为自己的殖民地。以色列原本从前是巴勒斯坦的主要部分，但由于种种原因，英国政府在 1918 年公开宣布建立了以色列国，并占领了其部分地区。然而，这样一个国家及其边境的存在将导致以色列 - 巴勒斯坦的阿拉伯人和犹太人之间漫长、痛苦而尚未完成的战争。30 年以来，英国人一直试图限制犹太人移民到以色列，直到 1948 年英国人撤退之后，大国们才承认了这个犹太国家的独立。

在第二次世界大战之后，西方列强的殖民主义实践结束。（除了苏联的中亚帝国，其中一些殖民地至今仍然存在。）但是，一些反殖民主义的萌芽在 20 年代已经变得明显。在印度，莫汉达斯·甘地在其人民当中到处进行消极抵抗殖民主义的人道宣传，令世界各种各样的人民印象深刻。在非洲、印度以及印度尼西亚的很多地方出现了反殖民主义的演说家与潜在的公众意见领袖。尽管如此，我们必须区分开民族主义与反殖民主义。几乎没有反殖民主义的国家是单一民族的国家。他们由各种部落以及宗教组成（或者经常没有组成），无论现在他们是否拥有国旗、国家政府，也无论他们是否建立边界。民族主义在本质上是一个欧洲（以及美国）现象和思想意识，它常常由非洲和亚洲的知识分子把他们在欧洲或英国所看到或学到的内容传达给他们本国的人民。除去一些实例外，民族主义直到第二次世界大战及之后才变得重要起来，但与此同时，发生了一些更加重要的事情，主要是在英国。对反殖民主义的同情伴随着削弱帝国力量的信念出现。深受大众喜爱的成功作品，例如爱德华·摩根·福斯特的小说《印度之旅》（1924），该作品至少表明对于各处的英国人民来讲，维多利亚女王时代与英王爱德华时代的唯一特权与庇佑已经减弱。

在20世纪20年代，除日本之外，其他强国并没有伺机寻求进一步的扩张。日本选择了与世界其他国家隔离开来，但在19世纪的最后10年当中，日本政府与其统治阶级也无可避免地开始了改变。1868年，他们进行了明治维新，其中包括非凡的模仿计划，即效仿以及采取世界强国的技术制度与成就。他们新组建的军队的模式，陆军主要是普鲁士的模式；海军则主要是英国的模式。在世纪之交时，日本政府积极准备扩张，第一步就是跨越中国海。他们开始干涉朝鲜。在1894年至1895年，日本与中国展开了一场海上战争，击溃了破旧的中国军舰，确立了其在中日两国之间的一些岛屿的统治地位。10年之后（1904年至1905年），日本又挑起了一场与俄国的战争。无论是在海上还是陆地，他们所取得的战争胜利都让人叹为观止。日本企图将自己的势力延伸到中国岛屿以及中国港口之外，包括远东部分。（1905年的《朴茨茅斯条约》依然是由美国总统西奥多·罗斯福出面调停的，除此之外，合约要求将邻近西伯利亚的俄国库页岛的南半部割让给日本。）1910年，日本占领并且吞并了朝鲜半岛。4年之后，第一次世界大战爆发，在此期间日本取得了实质性的成功，获取德国在西太平洋的一些殖民地以及中国失去的岛屿和港口。当时，日本拥有一支强大而现代化的海军队伍。1920年，日本舰船和军队占领了俄国远东的一部分区域，希望从俄国内战的混乱中获利。英国和美国也不得不承认日本的实力。1922年，华盛顿会议试图停止任何进一步分割中国的行动。会议通过的海军裁员条款限制了日本军舰的规模。早先美国大众对于“现代化的”日本的同情已经转移，尽管，很多人在日本的发展当中看到了一些美国的影子。早在1907年，在美国，特别是在加利福尼亚，实际已经根据条例来进一步禁止日本人移民美国。对于战败且贫困的中国人民，存在已久的（有时候是宗教方面的，其他时候则是一种错觉）美国的善行不断地在增加，这也许是基于美国对于日本侵略的反应。但是，日本如今已成为一个世界强国和世界玩家。在20世纪30年代，日本的汽车比许多欧洲国家还要多。

随后，在1931年，日本开始入侵中国大陆，其目的在于将这个巨大而古老的国家变身为日本的地位低下的合作伙伴，乃至一个卫星国家。中国的历史，由于其惊人的长度与复杂性，从而给中国的以及外国的历史学家带来了重大的问题。中国统治者及其权力的历史是一部政治与军事的历史，至少对于大多数的历史学家来讲，他们主要的关注点难以重现。几个世纪以来，中国与欧洲、美国进行贸易往来，以及西方对于中国商品与艺术的了解和喜爱，这些都是显而易见的。由于相对开放的通往中国的途径，以及中国中央政府的软弱，导致一些大国，即使漂洋过海也要在中国海建立他们自己的小飞地和港口（在当时的国际法中被称为“投降协定”）。最初是在19世纪40年代，英国将香港作为自己的飞地，随后法国、俄国以及德国以不同的方式在中国建立了自己的飞地。随后，日本开始通过占领朝鲜来包围中国，并使用各种方式渗透进入了中华帝国富饶的东北区域。

以上情况再加上其他重要的方面，最终导致1911年中国革命的爆发。几天之后，中国成立了共和国，中国的统治王朝消失。正如许多其他的殖民地国家一样，这样的革命发动者都是在一定程度上了解世界的知识分子和野心勃勃的军事将领。袁世凯便是后者中的一员，在两年之后，他宣布自己为新皇帝，不久之后他就逝世了。最为不朽与骄人的是孙中山的威望与权力，他不仅受过美国教育而且是一名基督教徒（按照1911年革命中其他领袖的话来讲，基督教也意味着某种“西方的”）。值得注意的是，孙中山（1925年逝世）被随后的中国领导人毛泽东和蒋介石——他们不久之后便成为了敌人——所崇拜并视为偶像；然而前者是一名共产党员，后者是一名反共产主义者。1926年至1927年间，在孙中山的启发下，蒋介石试图通过国民党建立第一个民族的、统一的、有效的中国政府。1927年，共产党与毛泽东开始挑战并反抗蒋介石。蒋介石打败了毛泽东，使得毛泽东与他的军队不得不转移到中国遥远的西北地区，在那里毛泽东获得了苏联微薄的援助。在之后的十余年间，蒋介石作为政治首脑成为了受益人，得到来自美国在政治、物质以及军事方面的支持。

在当时，日本的一些领导者，特别是其帝国海军和陆军首领，认为到了日本扩张势力，进一步占领中国的时候了，即使可能有与美国开战的风险（一场他们误以为会局限于美国远西地区和远东的战争）。1931年，日本军占领了广袤富饶且成为中国边疆省份长达几个世纪的东北，建立了一个日本卫星国，即伪满洲国。日本受到了日内瓦国际联盟的谴责，于是，日本不假思索地退出了该国际联盟。第二年，他们控制了中国古老的首都北平（北京）。蒋介石将其国民政府迁至南京。1937年，中日战争全面爆发。1940年，日本选择成为德国的同盟国。

至此，中国成为日本与美国之间的主要问题。

然而，与第一次世界大战一样，第二次世界大战也是最先爆发于欧洲。

第七章

中产阶级并非“资本家”

◆

自由民主制的破产—专制政府、独裁政府、独裁政治—资本主义的危机—美国及其他议会民主制的例子

◆

1918 年 11 月，人们普遍认为西方协约国的胜利也意味着帝国主义的非民主国家，诸如德国以及其盟国可能是持久性的失败。这种观点对于美国人民来说弥足珍贵，特别是对于他们的总统伍德罗 · 威尔逊来说，当他在 1917 年 3 月得知俄国自由革命以及沙皇退位的消息时，这对他是一种莫大的安慰。这减轻了美国以及西方民主国家与一个帝国结盟的负担。我们知道在不久之后，俄国的自由主义以及议会制度受到布尔什维克共产党人的践踏。但是，如今我们应该考虑的是在多数欧洲国家失败的自由民主制，这与许多人在 1918 年及之后一个短暂时期的期望是相反的。

第一次世界大战的结束，对于许多国家的很多人来讲，是自由主义

与民主主义的胜利，或许自由主义要多于民主主义，而英国和法国就是它们的代表。于是，这些国家的自由主义与民主主义成为了其他战败国争相效仿的对象。1919 年，几乎所有的新、老欧洲国家都是自由的议会制政府。但是这种情况并没有持续太久。其中一个原因即逐渐显现出的英国与法国在欧洲事务上的影响力正在不断下降。更为深刻的但很少被人承认的原因在于资产阶级价值观越来越不受欢迎。

在这里需要做一个小小的解释。我们已经注意到，第一次世界大战（与法国大革命战争或者拿破仑战争不同）几乎没有引起对恢复以往的标准与价值的向往。同时，与此相随的是对于 18 世纪本质的怀疑，其中首当其冲的便是对法国启蒙运动的怀疑。我们至少必须考虑到启蒙运动以及它所带来的影响主要受到成长中的中产阶级以及其上层，即所谓的“资产阶级”（与“中产阶级”并不是完全一致）的拥护和支持。在 1920 年之后，形容词“资产阶级的”的使用隐含着轻蔑的意思，这个词语不仅仅被共产党人或者左派支持者所使用。特别是在德国以及各类知识分子当中，大家都是持相同的看法。

在欧洲的多数地区，特别是在欧洲南部与东部（后者在 1918 年之后，至少包含六七个新建立的国家），所谓的中产阶级，特别是他们的资产阶级上层稀少而弱势。许多历史性的大众呼吁的制度，例如议会制度（以及自由主义制度）也是如此。几乎在各处，特别是在新建立的国家，政府与议会的构成并没有反映出他们国家的成分：尽管前者主要包括中产阶级，仍然是成人普选。总有一天，对自由主义制度的反感，或者对制度缺失的厌烦，其原因在于过多的低效行事以及统治阶级腐败的例子，开始它们出现在政治表层和深层。

说来也奇怪，新兴的独裁政体与一些南美洲国家的政体相似，尽管它们既不被后者所鼓舞也没有模仿后者。1922 年，墨索里尼和他的法西斯主义军队长驱直入罗马。1923 年，西班牙国王赋予军事将领米戈尔 · 普里莫 · 德里维拉近乎独裁的权力。1926 年，葡萄牙一位严肃而可敬的教授安东尼奥 · 萨拉查成为了独裁政府首脑。同年，波兰政府的自由主义议会制的权力受到约瑟夫 · 毕苏斯基元帅的削减，作为一名部分的独裁者，他在 1918 年与 1920 年曾是波兰的民族英雄。在 1927 年、1929 年以及 1934 年，立陶宛、拉脱维亚以及爱沙尼亚的自由主义议会制政府都在进行转变，多少类似其他东欧和中欧的国家。

在这些国家中的每一个国家，自由主义的不受欢迎程度超过了他们新建立的政权，“独裁政体”并不是一个精确的表述。“专制”要比“极权主义”更加精确（“极权主义的”是一个模糊且常常令人误解的形容词，即使应用于所有民族的生活当中，例如，那些在希特勒和斯大林统治下的民族）。独裁小于“全部”，因为这些新政权选择保留一些旧的制度，例如议会制度（尽管，限制了它们的权力，有些还建立了一党专政；在西班牙、意大利、南斯拉夫、罗马尼亚、巴尼亚、保加利亚以及希腊，他们推崇，甚至在一些国家确定他们的君主政体是国家最高权力）。这些国家的新政权在细节上做了必要的修改，保留了知识分子相当大的自由。另外一个细节：这些专制独裁统治并不是革命的结果而是政变的结果（幸运的是，政变这个词语并没有英文对等词：意指一夜之间政府大楼的拥有权发生了改变）。专制独裁统治与希特勒以及国家社会主义并没有太多共同之处。但是，对于上述情况，奥地利也可以被纳入其中。在 1931 年至 1932 年间，奥地利关闭了自由主义乃至民主主义的议会，建立了独裁统治。在匈牙利，在霍尔蒂 · 米克洛什上将（“统治者”）接近君主制的统治下，议会制度得以保留，尽管选举权依然有所限制。当时，在民主国家当中，考虑到自由主义和议会制政府多少有些不切实际，认真的观察家乃至政治家都认为并不时表示，这种独裁政权的存在可能是未来的一种方式。

墨索里尼的声望（以及成就）就是其中的一个例子。他是一名社会主义者，他承认国际社会主义以及民族主义是毫无意义的。1915 年，墨索里尼与社会党决裂，前往第一线作战；1919 年他开始形成一个新的党派或运动即“法西斯主义”，这个词语来源于拉丁语“fasces”，意指缚在一起的一束芦苇，古罗马表示权威的象征。墨索里尼的政党类似风暴骑兵，穿着黑衫，他们是秩序与法律的强有力支持者。在意大利，公共秩序以及政府声誉因挫折而受到破坏，有时甚至接近于混乱，而墨索里尼的这个政党刚好填补了空缺。上等阶层以及中产阶级得知墨索里尼的计划后如释重负，这似乎是民族主义的而非激进主义的（在 1923 年以及 1923 年之前，共产党员已经在工人阶级当中取得一定进展）。墨索里尼宣称他尊重君主政体及其体系，而维托 · 伊曼纽尔三世国王也认可甚至还尊敬墨索里尼。其中有一些令人厌恶的插曲，包括一些残忍的法西斯主义者进行的谋杀，但是，它们很快就忘记了。1926 年，墨索里尼统治着这个一党专政的国家。但是与其他专政独裁统治相比，他走得更远。他的计划是将旧的资产阶级议会制度转变为统一的民族集合，成人选举将不再代表不同的政党，而是从他们的专业与职业等级当中进行选择。这是一种理想的团体国家，随后被其他各地所模仿，然而即使在意大利，这种国家形式也并没有真正完全形成。尽管如此，我们对其投入一些关注是必要的，因为它代表了墨索里尼真正的全部追求，他的世界观，即一个人首先必须要巩固其国家政权。特别是对于意大利来讲，直到大约 1879 年，它才成为一个统一的国家，然而，地区差异与地方政权却依然存在。在1926年之后，越来越多的证据显示，与墨索里尼时常成功的国内改革计划相比，其军国主义倾向变得更加明显。他开始越来越频繁地以军装示人。他一遍又一遍地向大学生重复其主要座右铭是："书和手枪"。1940年，在墨索里尼使意大利加入第二次世界大战后不久，他想要意大利人转变为军人（同时具有种族意识）的计划越来越明显，但这个计划在10年后几乎完全失败。

与此同时，墨索里尼的声望在不断提高，几乎无人不晓，并且不仅仅局限在意大利国内。毕竟，即使是在他的统治下，意大利仍然是一个文明的国家，拥有相当多的个人自由、艺术成就、传统乐趣、有效运行的制度以及相当多的学术自由。1929年，他与罗马教廷签订的《拉特兰条约》结束了梵蒂冈与意大利之间几个世纪来的战争以及偶尔的敌对局势。在整个20世纪30年代，全世界的多数天主教徒，特别是教会组织，全部无条件地崇拜墨索里尼。他的声望辐射至意大利之外，超越了宗教信仰，甚至超越了政治本身。1927年以及1927年之后，意大利传统的敌人奥地利（以及匈牙利）开始寻求其支持与联盟。几年之后，温斯顿·丘吉尔拜访墨索里尼并表达了对他的尊敬。美国众多的国会议员以及政治家表示，"我们需要的是一个墨索里尼"。到处都在效仿墨索里尼和意大利。出人意料的是，1931年，法西斯政党在英格兰开始成立，当时法西斯主义势力还很小，但是在随后的20世纪30年代，逐渐壮大。

但是这些国家的专制主义和法西斯主义都没有持续太长时间。同样的，专政独裁统治在第二次世界大战以及期间也没有持续很久，当时的希特勒使墨索里尼黯然失色（在20世纪20年代，他们两者之间的关系却恰恰相反），墨索里尼及意大利成为了希特勒的卫星国家；1938

年，国家社会主义已经比法西斯主义变得更加强大而普遍。或许，墨索里尼本来是可以避免这样的结局的。但这并非他的性格。

在20世纪的简史当中，我们现在必须与中欧、南欧以及东欧告别，将目光投向大萧条或者一些人所认为的资本主义危机，因为这个大事件在当今依然被很多人认为，是1930年左右全世界所经历的最为重大而深刻的事件。大萧条和资本主义危机这两个词语以及它们的影响是部分重叠的，但是为了加强我的论述，我应该先来讲述后者。

在漫长的10年间，许多人认为（或被告知），在他们的时代中最大的斗争存在于资本主义与共产主义之间；在20世纪，美国和苏联几乎不可避免地成为这些伟大的思想以及它们的制度的代表和化身。尽管这种观点为历史学以及世界大部分地区所接受，但却是毫无远见且错误的。（我必须把这部分内容放在聚焦于所谓的“冷战”的起源的第12章再讨论。）但是这些对资本主义和共产主义的考虑要先于第二次世界大战以及它的影响，因此我必须做一个必要而简略的总结，总结一下“资本主义”这个词本身的毛病，同时将其应用于20世纪20年代至30年代的历史当中。

我大胆猜想，自人类时代开始就有富人和穷人之分。但是“资本主义”与“共产主义”这两个词语至少直到大约19世纪中期才出现在英语中。资本主义的一个问题，即尽管有资本家存在，但是从未有主义一说。资本家常常相信他们自己，但很少想到自己是否体现着一种意识形态。在19世纪，以及19世纪之前与之后，金钱和金融才是最重要的东西。财产，特别是当以货币形式估价的时候，它能够给予人们比以往更多的安全感；同时，货币支付利息并给予人们安全感。从历史角度来讲，更为引人注目的是，坚实的货币，也就是各种货币一直到 1914 年依然保持安全。国家货币的价值，或称其为货币流通，在十年间，甚至在革命和战争之后，在很大程度上依然是相同的。但与此同时，除此之外，大多数西方世界的民主化进程正在继续，引发了越来越多的，特别是对工人阶级的关注。由此导致人民对于巨大的社会与经济的不公平的不满，同时人们相信，政府和国家有责任通过法律法规来提高，至少是稍微提高较为贫困阶级的经济和生活条件，这不仅是为了国家的统一，也是为了避免激烈的阶级斗争即社会革命。早在 1900 年以前社会党就已经出现，他们极力倡导排除全社会的不公，经常通过选举获得大众的支持。

共产主义者和社会主义者以及许多自由派人士和多数的进步人士都相信，阶级比政府更为重要，对于工人阶级的国际同情完全跨越了国家和民族，甚至到了绝不可能开战的程度。一位英国或法国的工人与一位德国或奥地利的工人之间毫无共同之处；事实上，工人阶级的爱国信念和热情或许比以往更加强烈。尽管如此，1930 年，社会民主党以及它们的思想正在退出整个欧洲的舞台。国际资本主义也是同样的情况，除了像上面所讲的那样，它不是一个主义。的确，“资本主义”这个词语的意思和使用，也许特别是在美国，已经被夸大到毫无道理的程度；对于数百万的人来讲，它意味着私有财产的神圣性和对私有财产的保护。

然而，1930 年，经济和金融危机已经迅速遍及多数西方国家。回想起来，我们也许可以断言，很久以来它的毁灭性和决定性要比看起来的小一些。尽管有钱人和“资本家”依然存在，因为他们将一直存在，我们可能会宣称 19 世纪“传统的”资本主义已经结束。因为其主要的支柱就是坚固、持久的稳定性。这种稳定性要求货币稳定。令人惊讶的是，国家货币的价值在1914年之前几乎没什么改变。在很大程度上，贵重金属，特别是黄金的价格也未发生什么改变。在1914年之前，银行券和纸币几乎完全取代了黄金的流通，但是他们的声望应归于对金本位制的整体信任，因为任何人到银行都会要求以黄金、白银或者纸币的形式进行支付。（然而，事实上在1914年之前，几乎没有人会做这样的选择，即使货币黄金标准已经变得越来越抽象了。）

1931年，英国为了支持英镑突然宣布废弃金本位。1933年年初，在罗斯福领导下的美国也废弃了金本位。少数认真而深思熟虑的经济学家至今仍然表示，废弃金本位意味着资本主义的结束，并伴随着难以估量的危险后果，包括持久的通货膨胀。也许这是对的，但并不完全正确。上述情况同样适用于20世纪30年代大萧条的整个漫长时期。大萧条引发了悲惨的情况和后果，但这种情况并没有一直持续下去。伴随着1929年10月纽约股票市场的崩溃，美国的银行纷纷破产而不得不关闭，欧洲的情况更为糟糕。20世纪最后一次的通货紧缩意味着价格的下降，更危险的是失业率上升，特别是在美国和德国，其失业率在1932年至1933年达到最高峰值。在罗斯福执政的美国，特别是在希特勒执政的德国以及其他多数国家，大萧条的大部分现象在30年代末才得以结束，大萧条的这种情况在德国表现为迅速减弱，而在美国则表现为逐渐减弱。在当时，所有的货币由政府发行，此后人们便接受了这个事实以及渐进的通货膨胀。自20世纪30年代以来，即使用最快、最肤浅的方式来看待世界的大部分地区，它应该展现给我们的是在20世纪剩余时间里，财产、相对安全以及人丁的兴旺是如何发展的，如果没有超越贪婪的梦想，这样的发展时常会令人惊叹。当时的情况确实超过了20世纪30年代的所有经济学家和政治学家的推测。这一切是在各式各样人民信用的巨大可能性下才变为可能。（19 世纪，信用成为了持有相当多资金的人们的特权。21 世纪的信用将是怎么样的，我不能瞎说。）

令人不可思议的是，由 20 世纪 30 年代大萧条所引发的显而易见的痛苦与悲观情绪并没有导致革命或其他政治骚动。那些将 1933 年希特勒上台归因于大萧条的人是错误的。在大萧条期间，共产党和社会主义政党都没有赢得一大批跟随者。美国是一个主要的榜样，其议会制度、法律法规以及仍然相当自由的美国政治体系都在大萧条中存活下来，没有受到太多的损害甚至改变。其中一个迹象即美国人拒绝极端的政党。除了一些激进分子和知识分子的秘密集会外，尽管在大萧条时期许多人失业，但是并没有迹象表明人民对于现存的传统（两大政党）政治体系有太多或任何的质疑倾向。如果大萧条继续并持续恶化，本来这一切是不会发生的，但事实并非如此。1932 年 11 月富兰克林 · 罗斯福当选总统，以及来年 3 月的就职典礼是一个转折点。他一上任就立即向美国人民灌输信心。罗斯福在经济和社会方面的计划与前任总统胡佛并没什么不同。不过这也几乎没什么要紧，或者完全不重要。他的自信光芒四射，全都显露在那令人印象深刻的脸庞上。首先是财政改革，紧接着是经济和社会改革，例如罗斯福新政，一切都在井然有序地进行着。但是，在美国人民的心目中，罗斯福总是给人以自信满满的印象。罗斯福的政治对手是美国的煽动者和民粹派，例如路易斯安那州的休伊 · 朗和电台牧师库格林神父，有趣的是，如同在欧洲一样，他们是右翼分子而非左翼分子。但是， 1936 年在罗斯福的第二次最令人印象深刻的选举胜利当中，休伊 · 朗已经去世，电台牧师据说也越来越少发表言论了。在世界其他地方，美国的民主政体如同美元一样稳固。

并非所有国家都是如此，但对于实行议会制和社会民主主义的国家，包括澳大利亚、新西兰、加拿大和爱尔兰以及对民主主义缺乏热情的西北欧国家，包括斯堪的纳维亚、荷兰和比利时，他们的大致情况都是一样的。几乎以上所有国家在 1932 年都出现了“法西斯” 政党和运动，但是并没有发展壮大。尽管，他们的制度存在不足，缺少本应有的鼓舞和实效，但是瑞典人、荷兰人、丹麦人以及其他国家的人民并未感到心烦意乱或是转变他们传统的制度。所以，法西斯政党，其中一些国家甚至在德国的占领下，存在于整个第二次世界大战期间。无论在过去，还是现在，这仍然是值得赞扬的，尽管它们的情况并不如想象的那么简单。

第八章

“我是一名民族主义者，而不是爱国者”

◆

国家社会主义—希特勒

◆

国家社会主义，或是民族社会主义是20世纪以及20世纪之后重大的政治现象。在第二次世界大战结束之后，阿道夫·希特勒的死亡和失踪在短时间内减弱了国家社会主义的吸引力，但没有使其在根本上消灭。与共产主义不同，社会主义不是一种过时的主义。在一些国家，特别是在欧洲，在希特勒自杀四分之三个世纪后，不同程度公开化的国家社会主义政党在国家选举中赢得约20%的选票。尽管如此，在20世纪的简史中，我必须尝试描述国家社会主义在它全盛时期的崛起以及在整个20世纪历史当中与其相关联的最伟大（以及最为恶魔）的人物。

但在此之前，我的大部分读者必须面对或者承认一个奇怪而不同寻常的问题，那就是对国家社会主义进行归类而导致的混乱以及随之暴露的缺点，即使现在依然如此。多数人（包括评论员）将纳粹党及其发言人形容或称作极右分子。事实并非如此。除此之外，纳粹党人和国家社会主义无论在过去还是现在都被认为是保守的，但是这也并非完全正确。他们在过去（以及现在）与老右派没有任何关系；他们与保守主义也并不相干。事实上，他们坚决且具有原则的对手通常是右翼分子而非左翼分子。

即使到现在，为了寻求一个更为精确的分类，许多人将形容词“法西斯主义”附加到国家社会主义身上，这又是一个错误。墨索里尼的主要目的在于加强意大利人的团结和力量。希特勒（不止在一个场合）说过，国家是一个限制框架，是具有约束性的框架：重要的不是国家，而是人民和民族。尽管，两位领导人有着其他的不同之处，但是他们成为了盟友，同时墨索里尼和法西斯主义采用了更多国家社会主义的特征。（斯大林也是如此。）

塞缪尔·约翰逊本该说过“定义是欺骗学究的招数”，但言语的历史及其广泛应用并非如此。第四个习惯用来特指德国国家社会主义的形容词是“纳粹主义的”（Nazi），几乎是一个双关语，但比上述的表达要更加的精确。这个词语能够使我们明白，在1920年至1921年间，国际社会党人乃至社会民主党人及其政党与德国纳粹党人和他们的政党之间的不同何在。这个词语完整的表达为“Nazi-Sozi”，即民族多样化的社会主义党人。我们已经注意到这个带有连字符号的半个“Sozi”已经消失了。“Nazi”要比“Sozi”的意义更加丰富，因此得以保留。

从最初的社会主义党及其运动开始时，他们就拥有反对国际主义的成员和支持者。（这是一个有关严格分类的问题；举个例子，细想英国工党，他们由于回避国际主义而经常避开使用“社会主义”这个形容词。）在19世纪70年代末的德国，欧洲最大的社会党名为“社会民主党”，意指该政党更喜欢通过民主和议会的形式而非革命的形式来取得成功。但是，这并不是现在我们所关注的内容。欧洲社会主义几乎从一开始，就有人受到以反对基督教的华丽辞藻为斗争口号的唯物主义阶级、国际主义者以及社会党成员和他们的一些领导人的排斥（一些人称社会党人为“无国籍的土匪”）。不久，基督教社会党出现了：“基督教”民族主义者与平民主义者坚持认为，他们的敌对方是“国际主义”以及无神论的社会党人和社会民主党人。特别是在奥地利和德国，基督教社会党的影响以及选民数量不断增加。在一些国家，他们是反犹太人的，而在其他国家却并非如此。

毫无疑问，德国国家社会党是反犹太主义的，这种情绪在第一次世界大战之后几乎就立即出现了。在20年代，特别是在两次世界大战之间这段相对和平而民主的时期（1924年至1930年）国家社会党是少数党。1928年，国家社会主义吸引了不到3%的德国选民。在1932年的两次选举中，支持国家社会党的选民规模几乎是先前的两倍。这与大萧条有一定的关系，包括德国极高的失业率；但那（仍然）不足以解释这样的一个成功。德国纳粹党几乎独立于其他所有党派，没有真正的经济计划。纳粹党对于许多德国人包括大量的工人阶级的吸引力是另外一回事。纳粹党人是民族主义者和平民主义者，他们排外并反犹太人。但是纳粹党之所以受欢迎与其非凡的发言人和领袖阿道夫·希特勒的作为是分不开的。

所有图书馆都有关于希特勒的书籍（在这些书籍当中，希望包括我的个人著作《历史上的希特勒》）。他单独引发第二次世界大战，这是一场在很多方面与第一次世界大战不同的战争，第二次世界大战遍及世

界各地；这是一场参与人数多于第一次世界大战的战争，包括数百万的平民死亡或被谋杀；这是一场持续时间比第一次世界大战更久的战争；同时也是一场影响巨大且持久的战争。这一部分将仅限于讨论希特勒早在战争之前的事业，当时这位孤独而默默无闻的年轻人突然决定进入政界，最初对于结果毫无把握。但是，14 年之后，希特勒成为了德国总理，得到不同类型的人和大多数德国人的支持。

希特勒不是“德国人”。他出生于奥地利（靠近德国边境的一个小镇），但与相当一部分的奥地利人一样，当时的他至少可以说颇为平凡，只是古老的君主制的、跨国帝国的一个公民。在他冗长的著作《我的奋斗》中（这是一本主要写于希特勒于 1924 年坐牢期间的自传），他用一个简洁有力的句子明确表达：“我是一名民族主义者而非爱国者。”在我们所处的时代当中，爱国主义和民族主义这两个词语经常被混淆，它们的真正含义已经变得含混不清。然而，特别是在奥地利，爱国主义和民族主义的区别至少在 20 世纪的第一阶段更为明显。作为一名奥地利的民族主义者，他把主要的感情投在德意志人和德国身上。民族主义可能是（且通常是）好斗而革命性的，至少是潜在的革命者；爱国主义是防御、守旧的传统主义者。再进一步分析这些形容词也没什么用处。但这意味着（且依然意味着）它们的意思有很多种。

在希特勒人生的前 30 年间，他讲话并不多。他读很多的书，同时从我们所拥有的零星的证据中可知，他分享德国民族主者的观点，并受其影响，但是这些观点并没有对他当时的生活产生巨大的影响。1913 年，希特勒从奥地利迁居到慕尼黑。尽管他是奥地利人，但他自愿加入了德军并在 1914 年 8 月服役于巴伐利亚军团。他的军事档案记录着他是一名值得尊敬且勇敢、谦逊的士兵。在战争的最后几个月间，希特勒经历了一个危机。由于瓦斯中毒而被送进医院。在医院，他得知德国投降的消息感到万分震惊，痛彻心扉。正如他在《我的奋斗》中所写道的，在那时“我决定成为一名政治家”，对于一位年近 30 岁的人来讲，这是一个外行的选择，在此之前，他一直对自己的想法守口如瓶，并在很大程度上保持沉默。似乎仅此一次他在书中道出了真相。

不久之后，事情发生了改变。大约在半年之后，希特勒意识到自己演讲的天赋，并开始公开演讲。在温斯顿 · 丘吉尔去世前不久，约翰 · 肯尼迪曾说，丘吉尔“使英语语言动起来”。毫不夸张地讲，阿道夫 · 希特勒使普通的德语语言“活起来”并广受欢迎。当然，丘吉尔在 1940 年唤起了人民对古英语的骄傲，而希特勒则呼吁人们注意到一些相对新的内容，即德国人的复仇情感。早在 1921 年，希特勒说道：“仇恨！我们拥有仇恨！”他一直这样表达。在不到三年的时间里，这位默默无闻、孤独而平凡的退伍军人成为了 DSNAP（德国国家社会主义工人党）也就是德国民族主义工人党的领导人。他的领导能力与公开演讲能力紧密相关。1923 年 11 月，希特勒和他的政党明确表示，他们强大的实力足以引导一场民族主义的革命，这场战争从慕尼黑开始，将在一周内或者几天的时间内席卷德国的大多数地区。希特勒带领着工人党向城市的中心前进，常常受到欢呼人群的鼓励。然而，保守的慕尼黑当局决定制止他。警察开枪射击了一些他的跟随者。希特勒倒地并严重扭伤了手臂。最终他被关押审讯。在法庭上，他据理力争，并运用策略击败了一些审判他的法官。《我的奋斗》主要就是他在监狱书写或口述完成的。一年之后，他被释放出狱。

希特勒意识到，他所有“革命”的言论都是站不住脚的，德国人并不喜欢真正的革命，因此，他和他的国家社会党最终必须通过其他方式，或许甚至是通过选举来掌握政权。1926 年，还没有任何迹象预示希特勒的党派会成功。直到 1930 年，该党派的人气开始不断提高。值得注意的是，经过这些年，希特勒的信心依然在很大程度上坚决不动摇。即使在 1932 年至 1933 年间，对于国家社会党人的支持急剧攀升的情况下，希特勒最为睿智的跟随者约瑟夫 · 戈培尔和赫尔曼 · 戈林都怀疑希特勒能否掌权。希特勒自己却对此却表现得信心满满。1933 年 1 月 30 日，他的自信得到了证明。作为曾经的战争英雄、如今的德国总统，陆军元帅保罗 · 冯 · 兴登堡接纳了希特勒，并将德国领导职位交给他。

可悲的是，1933 年希特勒上台主要是由于德国保守派人士以及他们的党派。在 1930 年及 1930 年之后，希特勒煽动性言论的语气多少有所减轻。这主要是由于他对德国中产阶级的期待正在升起和扩大。在 1923 年以前，他与 NSDAP 全力以赴地从工人阶级当中招募他们的成员。在 1932 年至 1933 年间，他们的宣传（或者至少是其中一些宣传）开始影响到德国中产阶级。一些党派、协会以及领导人开始考虑与希特勒进行某种联盟。其中弗朗茨 · 冯 · 帕彭就是一个明显的例子，他是一位老奸巨猾而肤浅的潜在政治家。1932 年 7 月，弗朗茨 · 冯 · 帕彭担任了几个月的德国总理。在其任职期间，他的一些决策有意要限制且损害德国左派而非右派势力的利益。这与弗朗茨 · 冯 · 帕彭的信仰是一致的，更确切地说，这与他的历史愿景一致，这也是许多其他德国保守派所共享的历史愿景，而如今发生在德国的一切与 150 年前的法国革命的口号（或理想）完全相反：1933 年意味着 1789 年法国革命那个时代的结束。帕彭和他的党派也认为他们能够控制、限制并边缘化希特勒。然而希特勒终究要感谢他们向兴登堡推荐他做总理。很快，事实发生了逆转。刚开始希特勒的总理内阁是一个少数派，但这种情况并没有持续太久。

在不到几个月的时间里，希特勒竭尽全力通过议会选举的方式，差不多掌控了整个德国，在选举的过程中，只有一个政党——共产党被排除在外。如此，所谓的第三帝国诞生了。在取得了已成为德国最大政治政党的党派的领导权后，这位孤独的士兵（更为确切地说是下士）开始展现其与政治家相称的能力。他的统治能力可能来自他出众的对于完全不同的阶级和民族人民弱点的深刻理解。他也意识到，在总体上民族主义优先于社会主义：在其他方面，德国工业与经济的巨子们不再成为他的绊脚石，也不会不时威胁到 1933 年的社会民族党的政要了。当有人问希特勒，接下来的一年是否会和会在何时实行伟大的德国工业国有化时，他回应道："为什么我要国有化工业？我正在国有化人民。"

我们还没有讲述完希特勒。在接下来的第二次世界大战中，希特勒而不是他的政党和国家社会主义是这场战争的主要因素。但在本章节开始我先讨论的是后者。关于国家社会主义的争论仍未结束，依然混乱且令人困惑的国家社会主义分类就是证据，它们常常被贴上错误的名称标签，有时甚至是故意的，例如斯大林的做法。在整个第一次世界大战期间以及第一次世界大战之后，斯大林禁止使用"国家社会主义"，他总是谈及"希特勒的支持者"或"法西斯主义的支持者"。他这样做的理由也并不难理解。显然，对于斯大林来讲，他的统治以及他对苏联的计划和政策越来越民族主义；同时由于各种各样的理由，"国家社会主义"这样的一个词语应该被忽略。此外，斯大林渐渐开始欣赏希特勒（这种赞同不仅仅是相互的，因为希特勒也开始欣赏斯大林了）。这并不是我们通过官方文本以及公开言论所了解到的情况，而是从他们各自的表达中看出了端倪。与墨索里尼一样，斯大林从希特勒身上学到了很多东西，这是国家社会主义近乎具有普适性的一个深入证据。

在1945年之后的三分之二个世纪当中，世界的许多国家依然有国家社会主义的政党（和信徒）。尽管有社会民主党的存在（大部分在欧洲），但是“社会主义”这个形容词已经失去了它本身所具有的很多意义。究其原因，即在我们民主的时代，每一个政府进行了“福利国家”的社会实践，至少包括保护相对贫穷的社会成员以及无数超越了20世纪初期的社会主义者的白日梦的其他实践。如今，规模相对较小但很重要的国家社会主义政党，他们是排外的，并且甚至是反犹太人。在21世纪，民族主义是否将变得更加强大，我无法预知。

值得一提以及考虑的是两大奇异之处。其一，几乎在世界每个地方（不仅仅是德国），国家社会主义政权和政党在1945年之前的多数标志、旗帜、色彩等，例如十字记号，是严格禁止使用的。在经历了三代人以及希特勒自杀之后的三分之二个世纪之后，这些东西仿佛仍然具有毒性和危险性。当公开地或直接地赞美国家社会主义时代的一些成就时，即使是最极端的国家社会主义政党及其领导人和发言人，都绝对不会提到希特勒。他们是已经排除了希特勒还是正在排斥他呢？我们有理由对此表示怀疑。或者说希特勒还是太危险，是一个烫手的山芋？

第九章

大势所趋

◆

希特勒的10年—希特勒统治下的欧洲—第二次世界大战的到来

◆

甚至在第二次世界大战开始之前，希特勒就开始统治欧洲的许多地区了。他原以为自己能够获得更多成功，以为不通过战争就能够掌控欧洲的大部分地区。在随后的战争当中，希特勒显示出他作为一名坚决而时常残忍的政治家的能力与其作为一名军事首领的能力是十分相匹配的。他从不盲目。尽管他做了所有的声明与偏激的决定，但是他并不想要引发一场巨大的战争。这可以从1939年9月3日英国和法国决定向德国宣战时希特勒的沮丧得知。他知道英国与法国是勉强采取行动的。在整个20世纪30年代，希特勒的潜在对手甚至包括各大列强，由于各种原因，主要是因为他们想要避免第二次世界大战，而没有与其开战。

我们也必须考虑到希特勒的另外一个局限性。他的许多对手认为并声称，希特勒想要统治整个世界。不，他想要统治欧洲的大部分地区（并实现其所有的优势，将其理所当然地归为德国）。统治欧洲就已经足够，甚至绰绰有余。但是还有一个限制使得希特勒认为如果需要的话，可以不惜发动世界大战，他坚信时间刻不容缓。事实并非如此。1939 年，甚至他的那位常常冲动而鲁莽的朋友墨索里尼都写信告诉他事情并不是他想的那样，不需要着急。然而这或许是阿道夫 · 希特勒最大的错误。结果希特勒引发了第二次世界大战，但代价是什么呢！

20 世纪 30 年代是希特勒的十年，但 1934 年并不是他最好的时候。短短一年时间里，他是如何在德国巩固其政权以及声望的，这让人（并且依然）感到十分惊讶。1934 年 6 月 30 日，他的秘密警察谋杀了数百人，这些被谋杀的人当中一些来自他自己的党派，其余的则属于其他党派（包括希特勒之前的前任总理，库尔特 · 冯 · 施莱谢尔将军，与其妻子一同被杀害）。这并非十分紧要。不幸的是，在此之后，德国最保守且受人尊敬的军队与教会，甚至包括天主教会的一些领导人，继续尊敬并欣赏希特勒。

1934 年，希特勒在外交政策方面遭遇了一个小小的挫折。这个挫折与奥地利有关，也就是国家社会党及其信徒不断成长壮大的地方。1934 年 7 月，纳粹党中的一些人起义反抗奥地利的天主教保守主义政权，当时奥地利的总理是恩格尔伯特 · 陶尔斐斯。陶尔斐斯并非左派分子，也不是自由主义者和民主人士。1934 年 2 月，他用枪炮打垮了当时重要的政党奥地利社会民主党。陶尔斐斯也不是纳粹党人。7 月 25 日，一些奥地利的纳粹党人叛变，闯入总理府并杀死了陶尔斐斯。随后，奥地利警察和军队出现，纳粹谋反者被打败。即使在现在我们也不清楚这些纳粹党人是否受到希特勒的鼓舞和支持，但似乎并非如此。不管怎样，这是希特勒遭遇的一个挫折。甚至，墨索里尼也发表评论，并派遣一些意大利军队前往奥地利边界。

希特勒所遭遇的挫折只是暂时的。他计划撕毁《凡尔赛条约》。借助华丽的新手段和成绩，德国计划重整军备。1935 年，英国政府决定与德国签订一项新的海军重整军备条约，这对于德国来讲是极其有利的，不过希特勒认为，海军在其陆海空三军中占据着最不重要的位置。希特勒在纽格博林要求新的法律剥夺犹太人（以种族为依据）享有德国公民所享有的权利。他想将犹太人驱逐出德国。如今他准备采取最大胆的行动，取消西部莱茵兰的“非军事化”身份。《凡尔赛条约》之后，民主且亲西方的德国政府赞同西方列强，首先是承诺法国，在莱茵河的西岸，跨越法国边界的地方将不再出现德国的军事设施。（通过建立所谓的马其诺防线，即建立令人印象深刻的堡垒要塞，包括沿着法德边界设置重型火炮，如此法国加强，或者自认为加强了他们边界的安全性。）1936 年 3 月 6 日，希特勒发布命令重新军事化西部莱茵兰。因此，他立刻摧毁了法国（以及比利时）最重要的安全防线。

这是希特勒在当时的情况下最大的赌博，他成功了。法国政府因此而变得虚弱不堪，这是其所遭受的最为直接的影响。法国想依靠英国，而英国选择置之不理。现在，我将不得不再次返回到 30 年代的英国，但在此之前我们必须认识到，接受希特勒领导的德国这样一个趋势现在已经开始影响整个欧洲，甚至整个世界的所有政府与人民。希特勒以及第三帝国代表的似乎是一种大势所趋。1936 年在柏林举办奥林匹克运动会就是一个活生生的例子。但所有这一切并不仅仅是表象、想象和声望。墨索里尼决定加入希特勒阵营。所谓的轴心国由此诞生了。在墨索里尼看来，这种联合不仅仅是出于政治或战略的深思熟虑。他确信资产阶级民主、西欧残余的势力，甚至包括英国在内，都已经到了或至少接近于山穷水尽的地步。

墨索里尼不是唯一这样认为的人。这并不是墨索里尼思想的快速转变，而是与他的性格相符合。除此之外，墨索里尼想要使意大利成为一个帝国，至少像其他帝国一样，使其军事力量和制海权位居世界前列。1935 年，他决定入侵并攻克阿比西尼亚（这也是为了报复这个野蛮的国家曾在 1896 年打败意大利）。在不到一年的时间，墨索里尼的军队就拿下了阿比西尼亚。如今，意大利已经多少像一个非洲的帝国了。对此，西方列强仅仅是完全同意对意大利进行毫无用处的经济制裁。意大利宣布放弃其在国际联盟中的成员资格，同样德国和日本也放弃了它们的国际联盟成员资格。1936 年 7 月，西班牙内战爆发。“西班牙的钟表运行不同于欧洲的其他钟表”这条谚语不断地应验，并非毫无缘由。1931 年的西班牙通过选举结束了持续一百多年的西班牙君主政体，取而代之的是越来越倾向于左派的议会共和政体。墨索里尼曾表示西班牙倒退回了早在一个世纪之前就存在的衰落处境中。他说的也并不完全错误。在 30 年代初期，西班牙严重的无政府混乱状态产生了反作用。大部分的西班牙军队在 1936 年 7 月起义，但是并没能推翻占据西班牙超过多半的共和政体。在西班牙历史当中，与其他事件不同，这并不是一场政变而是一场内战。这场内战一直持续到 1939 年 3 月，以右翼势力（包括许多的法西斯主义支持者和同情者）的胜利告终，并建立了一个在弗朗西斯科 · 佛朗哥将军独裁统治下的新国家。战争中，弗朗西斯科 · 佛朗哥获得意大利的墨索里尼提供的武器甚至军队支持，以及德国的希特勒提供的飞行员支持。在第二次世界大战之前，欧洲的政治地图再次发生了巨大的改变。

然而在1939年春天，欧洲政治地图有了许多其他的变化，甚至是更加重要的变化。1938年年初，希特勒最终还是决定将奥地利作为德国的附属国。（在此之前，他取得了对德国军队的统治地位，遣散了坚决支持并效忠某一方的保守派将领们。）1938年2月12日，奥地利总理，库尔特·许士尼格（陶尔斐斯的继任者），前往贝希特斯加登会见希特勒，在这里希特勒威胁许士尼格，强迫其允许主要的奥地利国家社会主义党人加入奥地利政府。在此之后，孤注一掷的奥地利决定设立公民投票，其小心翼翼的措辞以某种方式证明着奥地利的独立性。在公民投票的前两天，希特勒命令德国军团长驱直入奥地利。许士尼格被捕。两天之后，希特勒驱车驶入他的祖国，来到了他的出生地，随后又前往林茨市，一个对他来说非常亲切的城镇。

希特勒被人潮涌动的欢呼搞得不知所措。此时此地，他决定不仅仅要建立一个依靠于德国的实行国家社会主义的奥地利。他宣布实行吞并，将德国和奥地利合并。随后他前往维也纳，在这里他面对着（如果这是一个恰当的词语）的是更大的一群狂热支持者（包括奥地利红衣主教，他伸出手臂行了一个纳粹礼，为此受到了罗马教廷的惩罚，但这并不重要）。英国和法国政府对此并没有采取任何行动。

奥地利之行后，希特勒立即进攻捷克斯洛伐克。与奥地利不同，捷克斯洛伐克与法国乃至于苏联有着军事和政治的联盟。差不多300万的德国人，即所谓的学生住在捷克斯洛伐克的自然边界内。希特勒的论断取决于民族自决的原则（伍德罗·威尔逊的另一个灾难性的信条）。中欧的德国人属于德国。并非所有的学士都是国家社会主义党人，但是他们中的大多数人如今已经是了。除非他们计划加入德国，否则希特勒将引发战争。英国政府试图从中进行调节，但却毫无结果。如今，法国人再次经过深思熟虑而不情愿地计划加入战争，他们的同盟国英国也是如此。（苏联对此无动于衷。）在最后一刻，英国首相内维尔·张伯伦收到希特勒的消息，邀请他与法国首相爱德华·达拉第飞往慕尼黑参加一个会议。张伯伦以及许许多多其他人立刻感到如释重负，认为不会爆发欧洲战争。张伯伦和达拉第（以及同时也被邀请的墨索里尼）同意了希特勒要求的一切。围绕半个捷克斯洛伐克的山脉以及其 300 万的居民被拱手相让。在会议结束时，张伯伦和希特勒甚至签署了一份支持德英友谊的声明。当他返回英国时，张伯伦挥动着那张声明讲道：“光荣的和平，我相信这是我们这个时代的和平。”

捷克斯洛伐克（这个名称的拼写完全改变了）如今在德国的控制中，近乎于希特勒的一个卫星国。然而希特勒并不相信持久的和平。他担心英国政治领袖和英国公众舆论谴责他。他也开始与波兰转为敌对关系，他的下一个目标便是降低波兰的独立性，同时占领波兰的西部地区以及依然有很多德国人居住的但泽。当他误以为另一个机会出现在他面前时，希特勒已经开始准备与波兰进行战斗。斯洛伐克的民族主义者与希特勒勾结，想要解散剩余的捷克斯洛伐克国家。希特勒对此表示赞同，随后，他决定占领并终结剩下的捷克（主要是波西米亚和摩拉维亚）。1939 年 3 月 15 日，希特勒和他的军队长驱直入布拉格。一周之后，他强迫立陶宛交出梅梅尔，它是东欧的另一片区域，原先属于德意志帝国的一部分，并居住着一些德国人。

这些事件在英国外交政策方面引发了一场革命，甚至改变了此后英国的命运。在此之前（甚至在那以后），张伯伦及其宠臣并没有舍弃他们想要与希特勒达成某种协议的希望。其中包含两方面的原因。第一个原因是显而易见的，他们害怕爆发另外一场世界大战，因为，距离第一次世界大战结束才过了21年，在那场战争中超过一百万的英帝国的士兵阵亡。另外一个原因就显得更为复杂且不太合理了。这与20年代许多英国人的疲倦与缺乏远见有很大的关系。但更为重要的是，张伯伦更偏爱（不止他一个人这么认为）希特勒与德国而非共产主义。所有的改变发生在一周之内。如今，希特勒在慕尼黑违背诺言。他宣称这是他在欧洲的最后一次领土扩张需求。需要进一步说明的是，希特勒已经超越了他所鼓吹的希望，他声称所有他想要的就是带领德国人民进入他创建的德意志帝国。但是捷克人不是德国人。即使张伯伦领导的政府也承认希特勒没有停止的倾向。因此，伦敦决定采取办法制止希特勒，并认为这样就是对波兰的一种保证，意味着一种联盟。希特勒将明白对抗波兰的军事行动与对抗奥地利和捷克斯洛伐克不同，这意味着要与英国和法国开战。在英国的整个历史当中，这是英国首次与一个东欧国家联盟。

如今，英国和法国认为是时候与苏联达成某种联盟了。毕竟，希特勒几乎不停地在声明他的整个公众意识形态，即他对共产主义的憎恨。在1939年之前，西方盟国并不愿意寻求任何与苏联协调的政策（后者不被慕尼黑所接受，尽管其与捷克斯洛伐克存在军事联盟）。但是到1939年，斯大林却不愿意与英国和法国进行联盟。其实在很早之前就出现了这样的端倪。一个最显著的迹象就是1939年5月，斯大林将外交部长李维诺夫（一名犹太人）换下，由冷酷的维亚切斯拉夫·莫洛托夫代替其位置。在1939年夏天，英国和法国代表团来到莫斯科，但他们与斯大林（以及莫洛托夫）的谈判毫无结果。与之相反，同年7月下旬，有迹象显示苏联政府失去了寻求与英国联盟的兴趣。这完全符合希特勒的世界观。斯大林与希特勒进行通信。8月20日，德苏两国准备签订《苏德互不侵犯条约》。德国外交部长约阿希姆·冯·里宾特洛甫飞到莫斯科。签署仪式在苏联不同寻常的友好姿态下进行，包括来自斯大林的微笑和亲切措辞。

之后不到一个月，德国和苏联分割了波兰以及更多的东欧地区。在20年以来，俄罗斯第一次重新成为欧洲历史演变的一个主要的，也许是最重要的因素。苏德两国1939年8月签订的条约带来了全球性的大震荡。英国和法国信守承诺，如今的他们并没有想要改变或扭转对波兰的承诺。为了避免战争，英法两国还是做了一些最后的无用的尝试，但希特勒对此无动于衷。9月1日，希特勒以波兰挑衅为借口对其宣战，派遣德国陆军、海军以及空军攻打波兰。9月3日，经过了犹豫不决后，张伯伦及其政府与法国向德国宣战。

由此第二次欧洲大战爆发，并很快发展成为一场世界大战。早在欧洲战争开始之前，它就有着全球性的起源。在地球的另一端，日本已经开始发展为一个巨大的帝国，同时这个帝国正在为与美国之间可能爆发的战争做着准备。一些日本领导人，特别是日军首领正在通过多种方式效仿全新的德国。（在某种程度上，墨索里尼也在效仿德国，他于1939年4月入侵阿尔巴尼亚并将其并入自己建立的新意大利帝国，这在一定程度上表明他也能像希特勒那样做一些事情。）1939年9月，日本已经占领了几乎所有中国沿海的港口（并强迫英国人放弃他们在中国的一个飞地）。1936年，一些日本尉官刺杀他们认为是其敌人的政府官员（这是1934年德国“长刀之夜”的日本版本，更确切地说，同年纳粹党人谋杀了陶尔斐斯）。这些刺客被审讯并执行枪决，但是日军首领的力量几乎没有被削弱。1939年年初，一部分日军被派到几乎杳无人迹的中国最西部，在这里他们与苏军展开了一场未经公开的战争，这是一场大型的

涉及成千上万个兵力的边境战争，苏军成功将日军击退到中国。

当时，中国分为三大势力。第一大势力是由蒋介石领导的中国民族主义者，定都重庆；第二大势力是由毛泽东领导的中国共产党，在中国西北蛰伏，等待时机；第三大势力是位于南京的汪精卫，类似一个日本的傀儡，他相信中国的现在和未来取决于其与日本的密切联系。日本海军在日本军方中比较保守，事实上，它们的领导人和观点不时产生分歧。20 年代开始，日本海军与美国海军一直在认真考虑日美两军在太平洋海域作战的可能性。日本已经着手了一个规模庞大的海军建设项目。美国也在积极做着准备。然而，在第二次世界大战爆发时，日本在太平洋的海军力量比美国的海军力量要稍微强大一些。1939 年 9 月 1 日，海军上将山本五十六成为联合的日本舰队司令长官（这些巧合中的另外一个巧合，这是让统计学家讨厌却令一些历史学家喜欢的巧合）。山本五十六认为日本军队领导人以及他们的世界观既愚蠢又令人讨厌。他不赞成即将进行的日本与德国、意大利的联盟。然而一切还是很快来临，但也不完全如此。

那么现在要讲到第二次世界大战的爆发了，我在本章节一开始就被迫陈述了关于第二次世界大战的限制条件。尽管，20 世纪 30 年代是阿道夫 · 希特勒的 10 年。但是，这也是富兰克林 · 罗斯福的十年。罗斯福在 1933 年 3 月初正式就任美国总统，几乎在同一天，希特勒获得了所有的选票。12 年之后，就在第二次世界大战结束前夕，他们先后离世，前后相距 18 天。他们在性格、性情、个性以及他们整个对待工作的见解和世界观方面十分相似。是的，希特勒很快就结束了德国的大萧条；总的来讲，美国的大萧条持续到 1939 年，但是事实证明罗斯福

的成就更加不朽。在同样的10年间，罗斯福赢得了美国大多数人的支持。他正在建立一支庞大的美国海军。在几乎全世界人民的眼中，1939年的美国声望名副其实，并且或许比以往任何时候都要高。与此同时，罗斯福痛恨希特勒。他不愿意，抑或是没有准备好将自己和美国投入另一场欧洲战争中。但到了1939年，显而易见，他愿意通过多种方式成为希特勒的一个主要对手。30年代是罗斯福的10年，未来的大部分时间也将是属于他的。

但在此之前，我们必须转向第二次世界大战之前的两年。如果不是罗斯福而是其他诸如赫伯特·胡佛的某个人在1940年就任美国总统的话，希特勒将会取得战争的胜利。

第十章
我希望一切都不晚

◆

第二次世界大战—欧洲时期（1939—1941）—德国的胜利—五位领导人

◆

英国与法国勉强加入战争并随之开始了一场更不情愿的战争（美国人口中所说的“假战争”：在法国与德国边界的一些小冲突）。希特勒及其领导的德国却并非不情不愿，不过，直到 1940 年 5 月，他的空军力量才轰炸法国或英国。在德国对抗波兰的战争当中，德国并没有像对待英国和法国那样的有所克制，而是尽其所能地残忍而迅速地毁灭它。在 1939 年 9 月底之前，华沙沦陷，勇敢而坚决的波兰军队已经不复存在（除了部分士兵努力到达法国，特别是英国，在整个战争时期，他们为同盟国所做出的贡献十分卓越。）即使在波兰战争结束前，波兰背后所受的致命一击也并非是希特勒，而是斯大林所为。9 月 17 日，斯大林领导的苏联入侵波兰东部。这是苏联和德国分割东欧大部分区域所不可或缺的一部分，十天之后两国在莫斯科签订协议。希特勒分给苏联的利益范围（不管这意味着什么）为战前的波兰东部的一半区域再加上波罗的海国家立陶宛共和国、拉脱维亚以及爱沙尼亚，以及波罗的海沿岸的芬兰和罗马尼亚北部的一部分。

由此带来的一个结果，即越来越多的证据显示历史的不可预测性。在英国和法国对德国宣战之后不到三个月的时间当中，欧洲唯一的战争发生在苏联和芬兰之间。《苏德条约》并没有明确表明“利益范围”所表示的意思。虽然没有明确，但仍然是显而易见的。芬兰是一例外。芬兰政府知道苏联政府的打算，所以拒绝接受其要求。于是在 1939 年 11 月底，苏联轰炸并入侵芬兰。芬兰人回击得很好。很快，全世界看到了一场关于大卫与哥利亚的战争。不止一次，苏军在冰冻的草地或是大雪覆盖的森林战争中，不得不撤退。这场战争很快引发了国际反响。英国人和法国人都相信这对他们来讲是一个机会，从不情愿的战争中逃脱并在欧洲北部开辟一条前线，建立他们在斯堪的纳维亚半岛北部的地位，帮助芬兰人取得对抗希特勒的新盟友苏联人的胜利。英国与法国已经做了一些在希特勒攻击他们时的准备。希特勒为芬兰与苏联调解，使其快速达成和平共识，为此芬兰失去了一些领土，但保持了其大部分的完整性，并没有成为斯大林帝国的一部分。

这是希特勒的一次政治外交胜利。如今，希特勒认为应该走得更远并追击英国，使其彻底离开斯堪的纳维亚半岛包括其陆地和海上区域。北方前线并没有对抗德国的兵力。在很大程度上，希特勒成功了。事实上，英国舰队要强于德国舰队，但它们却几乎没有起到什么作用。1940 年 4 月 9 日，德军在短短几个小时内入侵并占领丹麦。然而，德军对挪威的占领变得更为困难，因为挪威军队及其国王一直坚持战斗。然而除了远北湾区域和纳尔维克港口之外，德国水兵和战士在英国之前就已经占领了几乎所有的挪威港口。尽管挪威北部地形险峻，但德国人在几乎不到一个多月的时间就控制了整个挪威。挪威国王不得不逃往英国。瑞典依然保持独立（尽管其政府认为最好向希特勒做出一些让步）。

此时，内维尔 · 张伯伦的首相任期结束了。在经过下议院的艰难讨论之后（在这里尽管他的很多保守党支持者弃他而去），他还是设法保持自己的权力，但在 1940 年 5 月 10 日，纪伯伦不得不辞去职务。显然，或者至少看起来如此，他坚定的对手丘吉尔是正确的。如今国王乔治五世也不得不邀请丘吉尔到白金汉宫，委托其组建一个新政府。在 5 月 10 日下午晚些时候，丘吉尔离开了白金汉宫。在汽车里，他与他的贴身保镖巡视员汤普森坐在一起，汤普森向丘吉尔祝贺道："我只是希望这个职位出现在一个更好的时期，因为现在你有一个艰巨的任务。"与希特勒不同，丘吉尔是一个从不压抑自己感情的人。有时候，他甚至不禁泪下。这是他性格中的一方面。他对汤普森说："天知道，这真是太棒了。我希望一切还不晚。对此我很担心。我们唯有全力以赴了。"

但看起来似乎一切为时已晚。德军的进攻速度和才能简直令人不寒而栗。他们四天就攻克了荷兰。随后八天拿下布鲁塞尔，与此同时，比利时的国王正在考虑投降。在不到四天的时间里，他们就已经清除了第九法军，到 5 月 16 日，令人惊叹地发现，德军与巴黎之间几乎没有任何障碍了。但是，现在德军（以及希特勒）使用的战略不同于以往入侵法国时采用的战略。德军（仍然）没有前往巴黎，而是到了英吉利海峡海岸。四天之后，他们在这里安顿下来。现在大概有 30 万英军在法国，被德军将其与剩余的法国部分隔开（同时被英吉利海峡将其与英国阻隔）。到了 5 月 24 日，德国人已经占领了法国西北部的各个港口，除了最北部的敦刻尔克。希特勒命令他们在此停留两天，此时我要返回讲述下面的内容。

如今，在英国政府的最高级别秘密会议上发生了一个最为严重的危机。几乎所有关于此次危机的记录一直到1971年政府才将其公之于世。在丘吉尔写作《第二次世界大战回忆录》时，他自己也对此缄口不谈。这场危机涉及所谓的战时内阁，一共五位：丘吉尔、张伯伦（依然是保守党的领袖）、哈利法克斯子爵（依然是外交大臣）以及克莱门特·艾德礼和亚瑟·格林伍德，后两位是少数派工党的代表，如今成为了国家政府的组成部分。在5月16日，周日晚些时候，他们或多或少知道，法国将被打败，英国可能不得不面对独自在世界大战中作战的前景了。如今哈利法克斯决定面对丘吉尔。他相信，完全摧毁英国及其帝国并不是希特勒的兴趣所在，这也不是没有道理的；（经过墨索里尼的某种调解）英国领导阶层至少确定希特勒可能提供什么样的条件。哈利法克斯为丘吉尔目光短浅的冲动而感到吃惊。他并不是希特勒或国家社会主义的支持者。他依然信任丘吉尔，他是一位冷酷而实用主义的英国人，身后有大多数保守党的支持。

为了最重要的五天，丘吉尔对此表示拒绝。如果英国人现在接近希特勒的话，丘吉尔相信他们将会遭遇灾难性的急剧下滑。“灾难性的急剧下滑”：那是丘吉尔的主要论点。5月28日，周四的下午，他离开战时内阁，与外内阁的25位成员以及一些其他的政治家交谈。“当然，无论在敦刻尔克发生什么，我们都要继续战斗。”他受到令人鼓舞的赞扬。在战时内阁当中，也正是由于他果断的优点使得张伯伦没有支持哈利法克斯从而反对他。一两天之后，丘吉尔与哈利法克斯的辩论结束，丘吉尔获胜。

到5月30日，来自敦刻尔克的消息也好起来了。在混乱的英国船队的不可或缺的帮助下，几乎所有被困的英军和差不多十万的法国士兵被安全地疏散到英国：这是一次勇敢的尝试（除了对海滩和码头的严重轰炸之外，德军没有进行什么其他干涉）。我们不知道，并且可能永远都不会知道，为什么希特勒在敦刻尔克忍住没有消灭或是俘获英军。有两个可能的解释，特别是5月24日“停止的命令”（这个指令使用了未编码的“一般性文字”发送给军队首领，并被英国人听到，尽管我们不能确定这是否是希特勒的意图）。一些证据表明，希特勒认为他的军队，特别是他的装甲师在经过14天的行进后必须稍作休息，同时他也不想要冒险脱离自己的好运气。从希特勒的一些私人评论中可以更多地了解到，他不希望摧毁整个英国，他认为英国正在或很快会考虑和平提议；同时他认为一个国家的真实存在是不能失去他的军队的。（他在1945年最后一次重复这句话，当时他提到了1940年他允许英国“逃路”，当然这样表达有些夸大其词。）

希特勒所不知道的是他将面对的是什么样的人。在1940年6月的丘吉尔演讲中，他那爱国而历史性的豪言或许令人惊讶，不管怎么样这对他的国家产生了意义深远的影响。在一个月之后，大多数的保守党人对丘吉尔的不信任已经开始消失。丘吉尔的箭袋里还有另一只箭，或者称之为一张潜在的王牌。早在5月15日，丘吉尔就已经给罗斯福写了一封非常严肃的信，暗示除此之外，要是没有美国的支持，英国很可能不能独自坚持对抗德国。他知道美国总统将会对此做出回应，尽管丘吉尔还不知道美国总统将会如何回应，但是他知道以罗斯福的观点来看，希特勒和他的政权对西方文明是致命的危险。经过一段时间后，希特勒才意识到美国将会有所行动。与此同时，希特勒已成为了欧洲大部分地区的统治者，其统治区域甚至要比拿破仑曾经征服的区域还大。

6月14日，德军进入巴黎。两天之后，丘吉尔提议组建一个完全的英法联盟，包括联合公民。法国对此并没有做出回应。的确，战时法国政府已经沦陷。一个新的法国政体由年迈的元帅菲利普·贝当掌权。贝当不只是不喜欢英国，他还坚信反抗德国的战争必须结束，一个全新的法国必须以多种方式调整自己以适应希特勒领导的德国。几天后，贝当与德国签订了一项停战协议。希特勒的条件是苛刻的，但不是不可能的。他没有占领整个法国，而是留下了一个差不多的主权国，一个由贝当领导的未占领区域，总计面积大约为战前法国的40%（当然，不包括在英国对面的海岸）；希特勒没有要求法国交出其殖民地，或是其骄人的海军，然而法国的舰船被迫由德国监管。许多精良的法国战舰被停泊在法国的北非港口米尔斯克比尔或是奥兰，7月2日，英国给法国下了最后通牒：要求这些战舰航行到一个英国港口或者是位于加勒比海的美国港口，否则它们将受到攻击。法国舰队司令对此予以回绝。英国海军立刻进攻并击沉了这些战舰。作为永远的亲法者，丘吉尔怀着沉重的心情下达了这项命令。然而，这给丘吉尔带了不少益处。罗斯福以及美国人对此印象也极为深刻，英国保守党也是如此。现在，希特勒决定首次下令做好入侵英国的准备。

6月10日，由墨索里尼领导的意大利向法国和英国宣战。几天之后，斯大林决定将波罗的海诸国以及之前分割给他的罗马尼亚部分都纳入苏联范围内。日军也决定利用法国和荷兰在东南亚帝国政权的瓦解，进入法属印度支那东北部并开始准备控制荷兰在印尼的殖民地。这还不是全部。在德国占领的所有国家当中，希特勒拥有众多遵从其旨意的人民。（波兰是唯一的例外。）希特勒在形式上承认每一个赞成德国的国家政权。如今其中一些国家已经得到他们许多人民的支持，至少在1940年是这样的情况。

剩下的两大列强美国与苏联是例外。华盛顿的富兰克林·罗斯福计划组织美国在物质与军事上支持英国。他知道自己不得不行动起来反对众多的国会反对派，特别是在1940年，当时他正在准备第三次竞选总统，这违反了美国的政治惯例。他计划组建一个国家内阁，同时他邀请了两位卓越的共和党人亨利·斯廷森和弗兰克·诺克斯作为其国防部长和海军部长。早在8月份，罗斯福决定利用自己的权力将50艘旧的美国驱逐舰转移到英国。三个月后，这批驱逐舰到达英国，但并没有在大西洋海域的战争中起到作用。不过没关系：它们是美国行动的重要性在那个时候的象征，丘吉尔和罗斯福的通信已经越来越频繁且具有实质内容。

但是，希特勒依然对其下一步计划有点儿不确定。他说，横越英吉利海峡不像穿越一条河流。正如在敦刻尔克，希特勒利用空军力量（来自戈林的建议）在9月初开始持续轰炸英国及其城市。英国人民及其政府进行了坚决的回击。两周之后，希特勒取消了入侵英格兰的海狮作战计划。但是还有另外一个改变计划的原因在于，希特勒越发觉得不可能单独依靠海军力量来征服一个国家，他将注意力转向东方，下令对苏联执行最后入侵的初步计划。

在这种疯狂举动当中是有章可循的，如果这可以称之为疯狂的话。希特勒无法对抗美国。但是如果苏联被淘汰出局的话，丘吉尔（以及罗斯福）能做什么呢？这里我们必须纠正一个依然普遍存在的观点，即认为希特勒痴迷于共产主义。从一开始，他就是一位坚定的反共产主义者。征服苏联意味着粉碎共产主义，同时这可能获得全世界许多反共力量的归顺。这是希特勒考虑的一个方面，但是还有更为重要的一方面，那就是英国。只要苏联存在，英国就有希望。在某种程度上，斯大林也对此十分了解。在法国政府倒台之后，有一次丘吉尔写信给斯大林，斯大林拒绝回信甚至都没有告知对方他已收到信件。在那时候，斯大林对希特勒印象十分深刻。他不想让希特勒因为极不重要的原因而对他产生不信任；他希望给他的同伙独裁者留下他们之间拥有持久友谊关系的印象。

然而，从法国投降到希特勒入侵苏联还是用了整整一年的时间。（从 1940 年 6 月 22 日至 1941 年 6 月 22 日）这是好坏参半的一年，但对希特勒来讲总体还算不错。1941 年 4 月，希特勒攻克了南斯拉夫和希腊。早在 1940 年 10 月，希腊就受到墨索里尼野蛮而不可宽恕的侵袭。弱小的希腊军队战胜了意大利军；由此导致的一个结果即，意料中的希腊与英国的联盟。受到鼓舞的南斯拉夫拒绝接受德国压迫加入其联盟体系。两周之后，希特勒进攻南斯拉夫并将其击败。又过了一个月后，他战胜英国并将其驱逐出希腊，随后将其驱逐出克里特岛，尽管当时的英国海军力量驻守在那个大型岛屿的周围。现在它计划侵入近东，但对此没有太大热情，因为它与苏联的伟大战争很快就要开始了。

与此同时，甚至在 1940 年年底之前，英军在埃及附近击败了意大利军（之后是在阿比西尼亚将其击败）；他们也获得对抗意大利海军的骄人胜利。不过，一名优秀的德国将军埃尔温 · 隆美尔被派去援助北非的轴心国，他遵照指示在 3 月和 4 月扫除了得到英国支援的埃及。为了支持希腊，丘吉尔决定从利比亚撤出相当一部分的英军，但是，这并没有起到什么作用。每次英军与意大利军作战，英军都会获胜；但每次英军面对德军，他们几乎从未获胜，在 5 月初，另一场严重的轰炸开始了，但是轰炸很快减少了，因为大部分德国空军力量被派往苏联作战了。

沉闷的几个月对英军有着巨大的帮助。他们得到美国方面越来越多的支持，美国也做好了战争的准备，尽管罗斯福认为，还不宜对外宣布此事。国会在 1939 年之前通过的相当一部分的孤立主义法律被淘汰或是简化。美国向大西洋前进，占领了格陵兰和冰岛。此外，美国战舰越来越明显地出现在重要的大西洋海域。希特勒命令德国海军对美国在可能时间和地方做出的挑衅不做任何回应。希特勒最亲近的伙伴戈培尔，甚至公开宣布类似德国的门罗主义策略。但没有得到回应。1941 年 5 月 10 日，希特勒的副手，也是他非常亲密的朋友鲁道夫 · 赫斯在希特勒不知情的情况下毅然飞往英国，不顾一切地试图使德国与英国之间停止战争。丘吉尔将其关在伦敦塔内，这可能是英国漫长历史中最后一名被囚在伦敦塔的著名囚犯了。两周之后，对于英国来讲有那么一刻出现了好消息，即它们的舰队击沉了大西洋上最强大的战舰，德国的“俾斯麦号”战舰。

然而，很快丘吉尔就不再是第二次世界大战的主角了。如今的主角是希特勒和斯大林。前者决定很快进攻苏联。后者决定通过各种可能的方式劝阻对方。列出斯大林所做的各种各样且几乎无止境的尝试不应归于这个世纪的简史当中，尽管它们具有启迪性作用。除此之外，这些尝试展示了一位狡猾、残忍、能干、现实而又强大的男人是如何以及为什么能够自欺欺人。斯大林没有想到，或许是无法想象到，希特勒在与英国以及美国处于一场重大的大西洋战争的同时，会与苏联开战。斯大林所采取的令希特勒印象深刻的步骤是令人震惊的，在不止一个例子当中，它们是可悲多于诡计多端的。斯大林命令其军队对于德国的任何挑衅或是在苏联边境的入侵都不予回应，同时也不攻击任何一架盘旋于苏联西部的德国侦察机。在德军已经开始入侵的几个小时后，他的宠臣莫洛托夫对德国大使讲道："这肯定不是我们应得的。"（苏联驻柏林大使说："你确定这不是一个错误？"）

1941 年 4 月，斯大林采取了一个具有政治家风格的行动，并从中获得益处。他向日本提议签订一个互不侵犯条约，日本政府急切地对此表示接受。如此，即使苏联与德国开战，也不必在两个前线同时作战。这对于苏联来说是一个极大的有利条件，尽管对美国来讲却并非如此。日本为与美国和英国进行最后的战争做最后的准备，但苏联并不在其中。在德国入侵苏联之后，一些日本领导人建议放弃他们与苏联的条约，并立即从西伯利亚东部对其进行进攻，但这种情况没有发生。

6 月 22 日，德国入侵的那一天，斯大林显得异常沮丧。他无法将事实告诉苏联人民，而是让莫洛托夫来宣布。几天之后，德军一如既往轻松地穿越苏联西部。6 月 28 日，斯大林政权倒塌。他咕哝了寥寥数语，暗示着一切已经丢失了。他前往莫斯科郊外的村舍避难。两天之后，一个政治局代表团来到这里。起初，斯大林以为他们是来逮捕他的。相反，他们是来告诉他，必须由他领导苏联，别无他人。他们可能是对的。随后他让自己振作起来并驱车回到莫斯科。7 月 2 日，他向苏联人民发表了爱国演讲（演讲内容与共产主义毫无关系）。

在当时，意大利、罗马尼亚、匈牙利、芬兰以及来自其他欧洲国家的其他志愿部队对苏联发起进攻。德军以超过他们惯有而显著的速度在白俄罗斯、乌克兰以及俄罗斯一带遥遥领先。到了夏末，他们已经集中了近 200 万苏联囚犯（其中大多数被关押在德国的俘虏营，他们被忽视、残忍地对待，还吃不饱，一些纳粹党的领导希望这样至少可以大量将他们杀害）。只有在少数情况下苏军对的抵抗力量相当强大。

早在9月3日，斯大林就给丘吉尔发了一条信息："苏联正处于致命危险当中。"英国应该入侵法国或巴尔干半岛，并给苏联"至少每月援助400架飞机以及500辆坦克"。十天之后，斯大林请求丘吉尔派25或30支英国军队通过阿尔汉格斯或波斯前往苏联。（英国和苏联武装力量已经在本月之前顺利占领波斯的多数区域。）丘吉尔告诉斯大林这是不可能的。德国已经攻克基辅，包围了列宁格勒（圣彼得堡），德军认为最好是通过断粮迫使这里的人民和驻军投降，而不是通过战斗的方式从一个混凝土建筑物打到另一个混凝土建筑物。到11月中旬，外围的德军向莫斯科靠近。

他们在此停留了一会儿。通常情况下，俄罗斯的冬天满是泥巴和积雪，这将非常有利于德军。然而在1941年，天气比平常稍微暖和了一些。当时，德军对莫斯科的最后奋力斗争（台风行动）被苏军终止，苏军得到了远东的军队的援助（以及到达俄罗斯的第一支小规模的美军和英军）。各地的苏联人开始强迫德军后退，他们夺回了俄罗斯南部的城市罗斯托夫，在第二次世界大战的军事历史中，这差不多是德军的第一次撤退。

希特勒意识到这意味着什么。整个夏天，他始终告诫他的手下："当俄罗斯被打败时，将促使英国讲和"，或是"德国最终的目标是战胜英国"，还有"莫斯科的沦陷甚至可能促使英国立刻讲和"。值得注意的是，他于11月9日在司令部对弗朗兹·哈尔德将军讲道："敌对的联盟认识到，他们不可能战胜彼此，这将导致和平性谈判。"四天后，哈尔德在其战争日记中记录了另外一条希特勒的评论："我们必须面对两个主要的对手（德国与英国）谁也无法成功消灭或完全战胜另一方的可能性。”我们必须注意到，在希特勒讲这话时，德国中央方面军仍然在缓慢向莫斯科行进，距离俄罗斯在莫斯科开始反击还有两周多时间。

那么现在希特勒的整个战略发生了改变。他知道他无法再赢得他的战争——他的短期战争，但是希特勒也明白他依然未失去他的战争，他终究能够促使一个或另一个他的敌人与其协商停战或讲和。

在此之前，他做了另外一个决定，这个决定并没有影响到第二次世界大战，但是影响了他在 70 多年之后，甚至可能还要持续很长时间的历史声望。他在早期就发现反犹太主义可能是并且确实是一种强大而普遍受欢迎的民粹主义的东西，这与他的犹太人恐惧症是有所区别的。但那并不是现在的问题。1941 年 8 月或 9 月，希特勒的主要目的在于对犹太人实行开除国籍、施加压力以及允许移民的方式将其逐出德国欧洲。自从 1939 年战争开始以来，这个计划变得越来越不可能了，尽管一些欧洲的犹太人还在继续移居国外，主要是移到美国。然而，如今希特勒拥有大片的波兰东部以及苏联的区域，在那里生活着超过 200 万的犹太人。已经没有地方可驱逐他们了。更为糟糕的是，如果德国在战争中失败，这些大量的犹太人将成为德国人的主要敌人。因此，希特勒及其政权的政策从驱逐犹太人改为消灭犹太人。很快，第一个毒气室在波兰建立。不久，这项政策被延伸至几乎每一个被德国控制的欧洲国家。最终结果是到 1945 年，至少 500 万的犹太人以及政治异见分子、波兰人、战俘、精神创伤者等遭到大屠杀。

与此同时，日本和美国间的战争也正在逼近。1940 年，受军队支

持的日本新政府与德国和意大利签订了《三国同盟条约》。日本海军总指挥，舰队司令山本五十六反对联盟，但如今也不得不为与美国开战而做准备。日本天皇裕仁也完全不赞成这场战争。此时距离偷袭珍珠港还有一年多的时间。在此很久之前，罗斯福总统和他的军事将领们就做了一个决定，这是第二次世界大战中最为决定性的一个决定。决定的起草人，是一名无名英雄，他就是安静且不爱出风头的舰队司令哈罗德·斯塔克，当时他掌管海军作战。早在1940年11月，哈罗德·斯塔克写了一个重要的备忘录指出，当时的美国海军还没有强大到可以同时在大西洋和太平洋作战，而在大西洋海域，支持英国对抗德国的战争，是美国的当务之急。这个决定并非美国民心所向，同时也与海军最高指令不一致，但是，罗斯福总统立即表示同意，海军和陆军首领也对此表示同意。起初这个决定被称为斯塔克的“D计划”，1941年1月初计划变为“ABC计划”，之后是“彩虹5号计划”。该计划包括对美国长期的战争计划（“橙色计划”）的一个大幅度修改，实际上橙色计划已经实行了20年，正在考虑在太平洋海域与日本作战。这意味着一个新的两战战略，重新分配大多数的海军力量，德国（以及欧洲）将成为终极的关注目标。同时，这也成为了美国在第二次世界大战中的主要目的和战略，它甚至决定了美国在20世纪剩余时间的命运。

罗斯福的敌人将那些为珍珠港事件做的准备称为罗斯福的“后门战争”。这是一个半真半假的陈述。的确，在整个1941年间，罗斯福几乎做了一切尝试以激怒严肃的德国人攻打位于大西洋的美国战舰，以使美国有一个貌似合理的理由（或是借口）向德国宣战。攻击并没有发生。8月，丘吉尔横渡大西洋。丘吉尔与罗斯福的第一次私人会面是在1918年，那时罗斯福已经是美国海军助理部长了（尽管罗斯福还记得那次邂逅，但丘吉尔几乎不记得了）。他们在很多方面达成了一致，包括他们的共同目标，写入了《大西洋宪章》。如今，他们的联盟是一个有效联盟。但是，罗斯福还没有做好宣战的准备。对他来说，更重要的是美国对日本施加的越来越多的军事压力。在美国与日本谈判期间（包括日本使者送到华盛顿的讨论内容），美国提出了最新的要求，即最迟在 11 月 26 日日本放弃其近期在中国占领的大部分或全部区域。日本无法接受此项要求。一支大型日本海军突击队起航，从东部开始准备开始偷袭珍珠港。对于如此大胆的意外袭击，令所有太平洋的美国海军及其夏威夷的指挥都措手不及。当然，美国人民也同样颇感意外。

因此，第二次世界大战在 1941 年 12 月 7 日几乎全面爆发了。这是仍然激烈的欧洲战争的终结。这也是整个战争的一个转折点。苏联人正在阻止德国人，使其稍微向后撤退，同时美国向日本宣战，几天之后，德国向美国宣战。此时，我想特别讲述丘吉尔在 12 月 7 日，一个周日晚上的故事。当时的他疲倦而心情忧郁。他知道日本计划加入战争。但如果日军进攻并入侵英国在远东的领地而不是进攻美国的话会发生什么样的情况呢？他几乎没怎么讲话，低垂着头。这时他的管家带来一个消息，日本人已经攻击美国了。丘吉尔立刻起身并命令接通罗斯福的电话，罗斯福确认了这则消息。

“没有美国人会认为我是错误的，如果我表明让美国站在我们这边，对这我来说是最大的欢乐……所以最终我们还是赢了！经过 17 个月的独孤作战后……我已经赢得了战争。英格兰会存活；英国会存活；整个英联邦帝国都将会存活下去。战争将持续多久，或者战争会以何种形式结束，没有人能够知道，我也不知道，此时此刻，关心的是……希特勒的命运已经注定。墨索里尼的命运也已注定。至于日本，他们将会被压成粉末。”所以这一切都将发生，虽然还需要很长一段时间。

---

20 世纪简史并不是哲学的论述。但此时此刻，我不得不增加两点简短的题外话。第一个是关于我个人历史观点的总结，这与非常广泛被接受的绝对信仰，即历史为什么会发生以及如何发生是背道而驰的，当然也包括第二次世界大战的历史。目前，经常被视为“科学的”信仰是那样的历史，或许特别是在民主时期，这种信仰是伟大的物质因素与经济因素的结果，其中生活、艺术以及人民的思想是这些因素的主要结果。这种说法的真实性连一半都不到。1933 年，希特勒在德国上台不仅仅是由于 1930 年至 1933 年间的经济危机，同时也是因为当时很多德国人的政治心态。在 30 年代，并非英国经济的情形使得英国政府不愿意对抗希特勒。1940 年，也并非物资或军备不足而导致法国的沦陷。日本也不是因为经济原因而对美国计划并最终发动战争的。当然，的确是美国惊人的物资力量（以及苏联庞大的三军规模）促使其能够赢得对抗德国和日本战争的胜利。但是真正重要的是，美国人民的坚决和高度一致，还有反对斯大林的苏联人民的不情愿。人民所想的，他们所相信的，他们选择去思考的，这些是他们生活的本质，他们的物质条件和经济欲望是其中最常见的结果，而非其他的东西。

紧接着是第二点题外话，尽管并不是无关的事情，这就是国家领导人的历史重要性，特别是在第二次世界大战期间的国家领导人的历史重要性。所有的图书馆都陈列着有关这些领导人的著作。然而他们的重要性迫使我必须简要地对其进行记录或描述，其中一些关于他们的事情并不是通常想象的那样。是的，第二次世界大战的主要参与者是国家（以及民族），包括德国、英国、法国、意大利、苏联、日本、美国等。但是，如果德国没有希特勒，英国没有丘吉尔，美国没有罗斯福的话，那么，我们至少不得不怀疑这依然普遍流行的信仰，按照该信仰，人类至多是历史的工具，他们没有创造历史。在整个20世纪历史当中，阿道夫·希特勒是一位卓越的人物。我们根据他们的影响来评估历史人物。没有希特勒就没有第二次世界大战。没有希特勒就没有苏联占领欧洲的东半部区域，包括德国东部。没有希特勒就不会有对五六百万人民的大屠杀。同时，在希特勒逝世之后的几乎四分之三个世纪中，很多国家依然存在着少数引人注目的国家社会主义的虔诚信徒，包括反犹太主义者，他们避免提及希特勒，这是因为政治原因，并非他们不崇拜他。坦白地说：我们已经对输于希特勒的事实表示屈服了吗?

同时，我们必须考虑到希特勒及其思想的复杂性，而不仅仅是他的严重的天真。详述其复杂性依然是历史学家现在以及未来的任务，不适合在这本篇幅有限的书中展开。但是由于其中包含了第二次世界大战的历史，所以我必须列举一些复杂性。希特勒并不是真正想要引发一个第二次世界大战，特别是没有想要与英国开战。他极为严重的天真以及他最终的毁灭来自他的憎恨倾向，同时他也发觉传播憎恨可能是一个有用而流行的东西。在他早期的政治演讲中存在着许多相关的证据。他对犹太人的看法，甚至存在着某种两重性：1919年他使犹太人恐惧症具体化，同时更为重要的是，他承认反犹太主义可能是，而且确实是一个潜在流行的事物。第二次世界大战期间，所存在的证据对此给予了证明。是的，希特勒改变了德国政策，从驱逐犹太人到消灭犹太人。但是他却对一切是如何进行的显得毫无兴趣。1945年4月16日，他最后一次的公开演讲是有效的。在他明确得知斯大林既不赞成犹太人也不是教条的共产主义者时，他强调并严厉责难“犹太布尔什维克主义”。的确，希特勒开始越来越欣赏斯大林了。同时，我们也已经注意到，早在 1941 年 11 月，希特勒就知道自己再也无法赢得这场战争。毕竟，他希望自己能够分裂其对手，其中的一个对手正考虑与他达成某种协议。希特勒是一名国家的领导人，也是一名军事领导，还有着作为一名政治家的才能。有时，他低估了他的对手，但是他并没有低估自己；同时我们也不可以低估他，尽管他是历史和人类的祸害。

关于丘吉尔，我们无疑是根据其影响来对他进行评定的。他在 1945 年没有取得第二次世界大战的胜利。但是他在 1940 年也并没有战败。这是他显赫历史地位的来源。为此，我们还应该提及丘吉尔敏锐的历史洞察力和远见，他可能比任何人都要更早地预见到希特勒的意图。之后，丘吉尔对希特勒的了解要多于希特勒对他的了解。他对斯大林和苏联的了解也比罗斯福透彻（战争之后，他也明白斯大林不会冒险与美国开战）。与苏联不同，英国在 1940 年已经收到了来自希特勒的和平提议，希特勒希望英国接受他对欧洲的统治，结束英国对德国的抵制。然而，丘吉尔对此完全不予考虑。他知道这意味着，如果不成“奴隶制国家”，英国将成为德国的同伙。1940 年，丘吉尔是希特勒取得第二次世界大战胜利唯一的障碍。1941 年，斯大林并不是独自一人，他计划成为丘吉尔和罗斯福的同伴。但如果希特勒在 1941 年停止其军队的进攻，斯大林很可能乐意成为他的新合伙人，如果有必要的话甚至转交给希特勒其帝国的部分，而剩余的欧洲就完蛋了。然而，希特勒认为他的军队能够战胜苏联。1940 年，他还不确定自己能够战胜英国。他要取得彻底胜利的障碍是丘吉尔而不是斯大林。因此，希特勒憎恨丘吉尔，随后又发疯似的转为憎恨英国人民，直至最后。他并不憎恨斯大林，他曾经入侵苏联却陷入困境，他是尊敬斯大林的，甚至喜欢他。这就是历史的反讽，更确切地说，这是人心的魔力。

或许我们认可斯大林的一点是他的抱负，与他的信仰不同，在第二次世界大战之后的10年里，斯大林的抱负被广泛接受，但也有其局限性，究其原因当然不是因为他的谦逊，而很可能是因为他像农民一样的现实主义。1941年12月中旬，丘吉尔的外交大臣安东尼·艾登飞往莫斯科。克里姆林宫的一些窗户因距离不到15英里处的德军的炮火的攻击而不时晃动。在更重要的事情当中，他们谈论希特勒。“他的问题，”斯大林说道，“在于他不知道什么时候停下来。”艾登问道：“有人知道吗？”斯大林说：“我知道。”

富兰克林·罗斯福的最大优点在于他的自信。这一点使其本国人民以及海外熟悉他的人们印象深刻。还有就是罗斯福的反孤立主义观点，与丘吉尔的观点一致，他认为希特勒统治的德国是主要的危险。但是，罗斯福对于世界历史的观点却与丘吉尔不同。这点我们将会在之后的第二次世界大战中看到。

在此，我还想提到另外一位伟大的领导人，尽管他的实力比不上上述提到的四位。他就是夏尔·戴高乐，自由法国的领导人，法国军事与精神解放的主要贡献者。我只提两个关于1940年的例子。一个是，在法国沦陷之前，在丘吉尔迅速而没有结果的巴黎之行期间，丘吉尔就已注意到这个人的非凡品质：在几十位非常焦虑且恼怒的法国政治家和将军中，一位二星级将领站在后面默默无语。丘吉尔应该有一次喃喃自语道“法国的警察”。另外一件事是，我们不应该夸大戴高乐在战争期间与丘吉尔的无数次冲突与争论。的确，使人恼怒的丘吉尔好多次都没有记住戴高乐的目的：向全世界表明他不是英国人的附庸。让我们注意在《戴高乐回忆录》中一个重要而简短的句子。在法国沦陷期间，他决定单独飞往英国。他希望为自己的国家做一些事情，但是做什么呢？当时，丘吉尔给了他一个向（以及为）法国广播的机会。所以，许多年之后，戴高乐写道："没有他，我可能什么也做不成。"

第十一章

征服并战胜德国与日本

◆

珍珠港事件之后，盟军战败的六个月—海、陆军的战争转折点—德国坚持的能力—墨索里尼出局—转战东方—盟军进入法国—希特勒的决定—战胜日本

◆

英国、苏联以及美国花了三年半的时间征服并战胜德国和日本。就德国而言，它们中的任何一个国家单独，甚至是它们中的任何两个国家联合起来，都不可能获得胜利打败德国。在对抗日本的战争中，美国强大的实力以及其人民的决心表明他们能够并且确实取得了胜利。

在珍珠港事件之后，紧接着西方同盟国屡遭失败。丘吉尔派了英国的两支顶级战舰前往马来半岛打压日本人，就在珍珠港事件两天之后，两支战舰都被日本飞机击沉。此后，日军迅速行动征服了英国位于远东的一个又一个的领地。更令人沮丧的是，日军在 1942 年 2 月占领了新加坡，英军只进行了可怜而薄弱的抵抗。在当时，到处都是日本

人的胜利。日本的海军冒险航行至印度洋，炮轰锡兰。如今日本控制着太平洋的大多数区域。美国不得不将太平洋中部岛屿的一部分交给了日本。日本一度似乎正在向南部前往澳大利亚。他们试图进入新几内亚。5 月，日本海军与美国海军的第一场大型战役——珊瑚海战役爆发，这场战役似乎是一个平局。

与此同时，英国在经历了 12 月份的一个暂时的前进后，再此被隆美尔击退到西部。在俄罗斯，整个冬季各处的德国人被击退。这意味着苏军没有决定性的胜利。德国人熟悉这样的冬天以及 130 年前毁掉拿破仑的命运，为此希特勒在 4 月感到欢欣鼓舞。6 月份，德军开始了其战争中的另一个篇章：进攻没有指向莫斯科而是指向南部高加索的方向，之后可能会转向近东。

然而，在此之前，战争中最大的军队（更准确地说是海军）转折点出现了。这是 1942 年 6 月 4—5 日美国在中途岛的胜利。珊瑚海战役之后，这是航空母舰之间而非战舰之间的第一场巨大的海上战役。日本空军在珍珠港已击沉或损毁了六艘美国战舰，可谓是一次壮观的成就，但在现代海上战争中，这并没有带来重大的影响，因为战舰不再是主要的作战工具了。如今航空母舰是关键，因为，与战舰相比较，航空母舰装载的轰炸机能够更为精确有效地损毁并击沉其他的舰船（包括他们敌人的航空母舰）。日本人对此十分了解。当然，中途岛位于太平洋的正中间。因此美国具有一个决定性的优势。他们极好的代码破译者译解并读出了日方传给其海军的秘密指令，从而暴露了靠近中途岛的日本战舰的位置和活动。这是至关重要的但未必是决定性的因素。对于大部分的美国飞行员（还有他们坚定不移的领导者、舰队司令雷蒙德 · 斯普鲁恩斯）来讲，无所畏惧的勇气最终汇聚成为英雄气概，起到了决定性的作用。起初，双方都经历了痛苦的失败（例如，美国鱼雷被那些勇敢的飞行员点燃却失灵）。到了大约 6 月 4 日的中午，趋势发生了扭转：美军以一艘航空母舰的代价，损毁并击沉了三到四艘日本航空母舰。强大的日本中央海军力量撤离。他们将再也不会威胁到美国的岛屿了。控制的太平洋大部分海域的美国开始向西扩张，向日本靠近。然而，美国花了大约两年的时间才接连征服日本所掌控的一个又一个的岛屿，同时也再次夺回了日本在这场战争初期所占领的菲律宾群岛。

如果日本在中途岛之战中获胜（已经非常接近胜利了），舰队司令山本五十六将计划结束对抗美国的战争，签订一个有利于日本的条约，就如同在 1904 年至 1905 年间的俄日战争一样。但是，美国政府以及美国人民会同意这样做吗？山本五十六没有低估美国人民的力量或决心。令人遗憾的是，在中途岛之战后的一年，罗斯福总统再次通过破解的日军信息得知，一架飞机单独载着山本五十六飞越西太平洋的一个岛屿，他命令美国海军和空军消灭他。英勇的舰队司令本不该遭遇如此的命运；但是这对于战争的进一步发展也没什么影响。

更多的灾难向英国袭来。在中途岛战争之后不到两周时间，世界的另一端，隆美尔将军把三万英联邦军队击退到位于利比亚北部的托布鲁克，并强迫他们在十天后投降。如今，他行进到埃及的西部边境，英国人在此对他设立了阻碍，制造困难。丘吉尔权衡另外一个较大的问题。这就是所谓的“第二战场”。苏联怎么办呢？如何对待斯大林的不信任？数量庞大的德军正在深入苏联，但是英国或美国还没有计划在西欧开辟一条前线来迫使希特勒进行一场真正的两线战争。海军是一件事，对抗德国的空战是另外一件事。英国与美国发送给苏联的供给和军备是另外一件事。但这些合计起来与施加给苏军的惊人战争压力相比，又是怎样呢？斯大林对第二战场的迷恋多于宣传。与此同时，第二战场得到英国和美国的共产党员以及其他左派支持者的持续不断的叫好声。

实际上，美国参谋长联席会议是为第二战场制订计划：1942 年 11 月入侵法国西部。丘吉尔相信这场入侵将会是一场灾难。于是他再次飞越大西洋与罗斯福进行谈话。这几乎是他在第二次世界大战中最后一次打算说服美国人。美国方面勉强接受了英国的观点，即原计划的 1942 年年底入侵法国被推迟到了 1943 年（但最终入侵发生在一年半之后）。当时，罗斯福同意美国在 1942 年 11 月入侵法属北非，他确信美军应该与德军在 1942 年对垒。丘吉尔一返回伦敦，就不得不用尽全力面对那些对他在下议院领导能力的指责。最终这一提议被大多数人驳回。

然而，如今丘吉尔突然面临另外一项艰巨任务。丘吉尔必须安抚斯大林。丘吉尔对他的妻子说道："我正在向北极搬运一块冰。"他在 8 月初飞往莫斯科。确实，在起初的几天，他必须忍受并面对斯大林粗鲁的抱怨（"为什么英国害怕与德国打仗？"）。最后一晚，在丘吉尔即将从莫斯科飞回伦敦的几个小时前，无论是气氛还是实质都发生了改变。融洽的私人关系表明，斯大林极不情愿放弃与英方的联盟也不愿意英方与其断绝关系。丘吉尔告诉斯大林说美英将在几个月内入侵法属北非。斯大林立即表示理解并对其战略的重要性表示赞同。

随后，在第二次世界大战的军事史中出现了多个转折点。一位新的英国指挥官伯纳德·蒙哥马利确信，他所带领的第八集团军现在足够强大，能够进攻德军并将他们从埃及驱赶到利比亚甚至更远的地方，由此导致了 10 月下旬他在阿拉曼战役中取得胜利。两周之后，美国人飞抵法属北非。又过了十天后，作为大集团军群的一部分，第六德国军团被苏军包围并被迫退回到伏尔加河畔的斯大林格勒，现在他们开始从高加索北部后撤。美国人很难驱逐突尼斯剩余的德军；但与此同时，蒙哥马利向前行进并与美军会合。在 1943 年 1 月底，第六德国军团在斯大林格勒投降。4 月底，剩余的德军（以及一些意大利军）在突尼斯投降，至此轴心国在非洲的军队被终结。

希特勒带领的德国继续战斗，在接下来的两年甚至更长时间中，也并非总是失败。因此希特勒表示，他承认应对斯大林格勒战争负责。与此同时，斯大林格勒是一场巨大的血腥战争，但是，就人员损失而言，并没有 1916 年的凡尔登战役数量大。两者存在差异：凡尔登战役并不是第一次世界大战的转折点，但是经历了斯大林格勒战役后，德国不得不向四处撤退。他们小心翼翼地向西撤退穿过苏联，随后继续向更远处撤退。在 1941 年与 1942 年间，德国人花了 15 个月的时间从柏林到达斯大林格勒（用五个月的时间到达莫斯科郊区）。从 1942 年至 1945 年，苏军用了两倍的时间从斯大林格勒行进到柏林（并用了一年多的时间将德国人完全驱逐出苏联）。直到 1943 年夏初，长长的苏德前线大部分出现了类似暂时平息的状态。随之而来的是德军最后一次在库尔斯克的强大进攻，并导致决定性的结果。与此同时，英美联军继续不停地向德国空投炸弹。但是这并没有对战争起到决定性作用，并且德军也没有在 1943 年入侵西欧。

显然，现在英美联军的下一个目标是西西里岛。英美联军于 7 月 10 日入侵西西里岛。这给意大利带来的影响是显而易见的。很快在两周之后，在法西斯意大利大议会上，大多数人给墨索里尼投了反对票。第二天国王伊曼纽尔三世要求墨索里尼到皇宫并通知其被撤职。当墨索里尼离开皇宫时，一辆汽车把他带到一个扣押地。这就是法西斯时代的突然终结。大部分意大利人为此而欢呼雀跃。佩特罗·巴多格里奥将军被命名为新的首相。战争依然在继续，然而意大利人已经在和同盟国的使者讨论放弃作战的计划了。9月3日，盟军从西西里岛穿越到意大利。五天之后，意大利向同盟国投降的停战协定被公开宣布。希特勒以及德国人已经为此做好了准备。德军和纳粹党卫军立即占领了意大利的多数城市，包括罗马。国王及其政府逃往南部。多数的意大利海军和陆军忠于国王，很快这些海军便渡海去了同盟国。希特勒派了一支勇敢的滑翔机部队到山里营救被扣留在此的墨索里尼。如今出现了两个意大利，一个意大利在南部，另一个影子政府位于北部，并最终由墨索里尼执政。意大利及其人民饱经战乱与痛苦，几乎一直延续到战争的彻底结束。

盟军在意大利的战役中并没有给人留下深刻印象。到9月底，盟军已经占领了那不勒斯，但几乎也没有更多突破了。盟军用八个多月的时间，直到1944年6月4日，即在法国诺曼底登陆日的前两天才抵达罗马。在某种程度上，丘吉尔对此负有责任。一部分原因在于他对英国历史传统的了解：海军力量通常在一场战争中起决定作用；另一部分原因在于他对历史的记忆：法国北部的一场战争怎么可能是第一次世界大战期间发生的可怕的杀戮的一次重复。他对英美联军入侵西欧而感到担忧，尽管他只是独自对此感到焦虑而已。的确，地中海是欧洲的“软肋”；同时，在1943年年底，地中海成为一个内海，主要由盟军的海军控制，但这对战争并没有起到决定性的影响。（根据一项统计显示：1943年，德国制造的飞机数量几乎与美国相同，尽管德国工厂和城市被大面积地轰炸。）

1943年年底，苏军已经抵达苏联战前边境的大多数地方。同盟国，特别是美国将大批的军备和车辆运往苏联。但是，由于他们并没有参与危急的第二战场，并且英国护舰队对俄罗斯北部的挪威和保驾护航的作用十分有限，因此，苏军常常遭到德国飞机的袭击，这让斯大林十分恼怒。他对此表现得异常明显。一直到 1943 年，罗斯福，特别是丘吉尔依然很担心斯大林可能与希特勒达成某种协议。危险慢慢褪去，特别是斯大林、发觉希特勒将被打败，同时他所带领的苏联最终能够从西方同盟国那里得到的要远远多于如今从希特勒那里得到的好处。因此，三大政府首脑，斯大林罗斯福以及丘吉尔于 1943 年 11 月底在德黑兰召开了最高级会议。为了适应斯大林，这些世界级领导人愿意不远万里地来到俄罗斯或其附近与他会面（当时的德黑兰属于俄罗斯占领的波斯区域，如今属于伊朗）。

德黑兰峰会意义重大的原因不止一个。斯大林仍然认为丘吉尔还没有真正开始计划入侵法国。但是随着他们会议的继续，斯大林对此的疑虑也逐渐消除。与此同时，土耳其成为会议的一个重要话题。作为英国的一个盟国，斯大林并不喜欢土耳其。丘吉尔却依然热切希望土耳其参与到战争中并打开巴尔干半岛前线以对抗德国。然而，这一切并没有发生，不过土耳其参与了很多的欧洲会议。斯大林已经打破了与波兰流亡政府的关系。显然，主要的问题并不是未来的多处波兰边境的问题，而是波兰战后政体的特征。会议的一个重要特征在于显示了罗斯福的倾向性。罗斯福对于战后欧洲的兴趣不如丘吉尔的兴趣大。更为重要的是：他越来越向斯大林（“约瑟夫大叔”）靠近而远离丘吉尔。罗斯福在德黑兰多次证明自己的立场。他相信良好的美苏关系比早期的英美关系更为重要。（其中一个原因是美国希望加入对抗日本的战争中，斯大林承诺实现其愿望。）更深层次的原因，换句话说即，他的历史视角并不是丘吉尔的历史视角。罗斯福注意到（并且这超越了他对战争的看法）美国处于英国和俄罗斯的中间，从历史观点来讲，的确如此。以丘吉尔为代表的英国是值得尊敬而古老的国家。以斯大林为代表的苏联是一个成长并不断前进的国家，它体现了一些不成熟而全新的东西。因此，罗斯福认为，从历史的观点来看，民主且先进的美国处于两者之间。然而他的观点是错误的。俄罗斯并没有胜过美国（或英国），而是远远落后于这两国。

希特勒并非完全不知道德黑兰发生的事情，但是他无法从中得到安慰。他的军队不得不多少遭遇南斯拉夫和希腊游击队的攻击。与希特勒联盟的其他政府开始与西方同盟国建立一些联系。1944 年 3 月，希特勒占领匈牙利，并在此设立了一个极端的亲德政体。在罗马沦陷之后，一艘巨大的运输英美联军的无敌舰队登陆诺曼底。7 月 20 日，一群爱国的德国军官与一些高层官员包括隆美尔，试图除掉希特勒并挽救德国。但那场政变准备并不充分。希特勒本人死里逃生，并没有被安置在他司令部的炸弹炸到。策划政变者被处死。之后，审讯和自杀成为摆在隆美尔面前的两个选择。8 月 21 日，戴高乐领导的自由法国士兵与美国军队进入巴黎。在此之前，美国单独入侵了基本没有德军防守的法国地中海岸。丘吉尔对此一直表示反对，他一直希望这样一次入侵发生在意大利亚得里亚海的入侵，以便盟军能够由此进入南斯拉夫北部以及欧洲的中南部。他不再随心所欲了。在诺曼底登陆日之后，美国比英国投入更多的军队力量来对抗德军。在不到 24 小时的时间，罗马尼亚改变政权并向苏联投降。紧接着，苏军促使保加利亚向其投降；9 月下旬，他们已经进入匈牙利。

在那结束之前，第二次世界大战中最令人遗憾的一幕发生了。到 7

月底，苏军正在靠近华沙，实际上，其中一部分的苏军正在维斯杜拉河的东岸，波兰首都的对面。一支令人敬佩的爱国武装力量，由平民和退役士兵组成的波兰家乡军起义反抗德军占领华沙。波兰家乡军使得德军陷入困境将近两个月之久。当然，波兰家乡军的出现有一个政治原因：他们要自己解放华沙，让世界人民以及苏联人刮目相看，让他们无法忽视勇敢的波兰人。于是，俄罗斯人对他们表示冷嘲热讽，他们几乎没有或压根没有向波兰人提供什么帮助。斯大林自己指责波兰的“冒险主义”。而他早已经在波兰东部设置了附庸于他的波兰“政府”。

战后欧洲的划分早已成形。丘吉尔对此深表关注。(罗斯福对此却并不关注。)因此，丘吉尔在10月份突然飞往莫斯科。在第一时间见到斯大林时，丘吉尔提出苏联与英国之间，或是他们在东欧的利益范围不应该存在冲突矛盾。他把一份文件即《百分比协定》，放在了斯大林面前，其中苏联占有90%的罗马尼亚和保加利亚；英国占有90%的希腊；两者分别占有南斯拉夫和匈牙利的50%（匈牙利的占有比率被莫洛托夫修改为80%和20%，苏联占有优势）。斯大林看过这份协定后立刻表示同意。丘吉尔明白他必须挽救希腊，在经过解放之后，希腊共产党与保皇党之间继续进行着一场混乱的内战。12月份，丘吉尔派了一支英国的军队到希腊。随后，他不得不在圣诞节离开英国，飞往雅典帮助希腊创立一个正式的政府。经过五周之后，希腊共产党被打败。在这几个月中，斯大林一直信守承诺。苏军守在希腊北部边境，但却没有向希腊共产党提供任何的帮助和支持。在大西洋的一边，英国受到了众多美国媒体甚至一些英国媒体的严厉斥责，指责他为帝国主义者。

丘吉尔挽救了希腊，但或许这就是全部。与此同时，我们必须相信他的远见。当丘吉尔于 11 月份访问巴黎时，戴高乐在许多事情中批评了美国人。他说：他们正在将东欧转给苏联人。丘吉尔表示他知道此事，但是他对此几乎毫无办法。如今苏联是“羊群中的一只饿狼；但是在饱餐之后它会进入消化期”。苏联将无法消化其大多数的战利品。

与此同时，战争仍然没有结束。同盟国已经解放了法国以及比利时的大部分城市；但是他们还没有向西深入德国西部，也没有穿越莱茵河。在法国沦陷后两周，希特勒发出命令，计划在西部进行一场德国的反击站。于是反击开始。12 月份，一支德国军队在比利时东部攻击了美军。德军向前行进了差不多 50 英里，但是却无法达到希特勒的目标安特卫普。

美国人出现了片刻的恐慌，但是很快恢复过来。“突出部之役”可能延迟了同盟国完全进入德国的时间，但影响并不是特别大。

2 月初，罗斯福、斯大林以及丘吉尔在雅尔塔再次会面。美国总统似乎是主要人物，尽管他的身体越来越虚弱，但他得到了斯大林的两项承诺。在德国投降之后的三个月，苏联将对日本开战（斯大林信守了这一承诺）。另外一个是对罗斯福十分重要的目标：苏联将加入联合国。后者成为美国总统对于维护战后国际秩序的理想，他希望苏联能够积极地参到其中。他们讨论了波兰的问题，但并没有什么结果。他们没有认真考虑已经形成的欧洲的分割，欧洲成为美国与苏联在雅尔塔会面之后不到两年的时间就拉开序幕的冷战的主要战场。

1945 年 3 月，美军与苏军（以及英军）开始向前行进穿越德国。战争的结束近在咫尺，但人民没有丝毫的乐观情绪或是慰藉。欧洲的大部分地区，特别是欧洲大陆中心遭到严重破坏。数百万人民或是被迫离开家乡，或是选择绝望地逃亡。苏军进军德国是一次野蛮的大扫荡，强奸、抢掠和破坏，这在欧洲几个世纪以来的历史上是前所未有的。当战争在夏初结束时，尽管是中午时分，然而，仅有一丝暗淡的阳光掠过那些微亮的城市风景。

4月12日，罗斯福突然去世。17天后，墨索里尼被自己的人民所杀。4月30日，希特勒自杀。直到最后，希特勒还心怀希望，希望他的敌人将会发生分裂；除此之外，他并没有阻止德国人（包括纳粹党卫军领导）和美国人在意大利几个月来开启的谈判。在希特勒的掌权者当中，海因里希·希姆莱将军开始与美国人甚至犹太人进行谈判；戈林离开柏林。戈培尔依然留在柏林，并在希特勒自杀后又过了两天，杀了全家人后自杀。在希特勒给德国人民最后的遗嘱中，没有什么新内容要说，除了他意识到东西方之间的差异。他任命舰队司令卡尔·邓尼茨（倾向于西方）以及戈培尔（倾向于苏联）作为他自己的继任者。

4月12日左右，美军停驻在距离柏林以西60英里的地方，允许苏军攻占德国首都。五天之后，他们开始最后的进攻。5月2日，柏林的德军向苏军投降。六天之后，德国陆军、海军以及空军首领在兰斯投降。欧洲战场的第二次世界大战结束。既没有重击也没有啜泣，就这样结束了。

位于太平洋的美军正向着日本驶去。在1943年和1944年间，他们登陆并随后攻克了马里亚纳群岛和吉尔伯特群岛的数个岛屿。1944年10月，道格拉斯·麦克阿瑟将军飞抵菲律宾。在莱特湾进行了一场大规模的海上战争，留在那里的多数日本海军被摧毁。英军也在缅甸开始向日军发起了进攻。在1945年年初，大规模的美国空袭摧毁了东京大部分地区；或许有多达10万的居民因此而丧生。

如今，日本不顾一切地采取两种策略试图阻碍美军前进的步伐。

第一个策略即几千名甚至更少的日本士兵，仅仅拿着步枪，与向他们岛屿前进的美军作战，这是一场令人难以置信的战斗。战争发生在塔拉瓦岛、硫磺岛、冲绳岛，其中在发生于1945年4月的冲绳岛战役中，美军已经十分接近日本了。双方的亏损十分严重，而日军的死亡人数是美军死亡人数的八倍。另外一个策略即采用自杀式飞机（所谓的神风特攻队），飞行员驾驶着飞机直接冲向美国战舰的甲板上，连同船上的全体船员同归于尽。总的来说，他们的破坏性相当大，但并没有起到决定性的作用。美国领导阶层包括新任职总统哈里·杜鲁门，依然计划于1946年入侵日本，并做好了众多美国人员伤亡的准备。

然而，那场可怕的入侵被证明是不必要的。因为在原子弹轰炸广岛和长崎之前，裕仁天皇以及其他忠诚的日本领袖就已经希望无论如何要结束这场战争。日本政府已经改变，如今由保守派以及温和派领导。他们一直请求苏联政府在日本政府与美国政府之间进行调解，但却无济于事。1945年7月，波茨坦会议（战争期间斯大林、丘吉尔以及杜鲁门之间的最后一次会议）依然坚决要求无条件投降；但是为了慎重起见，美国总统及其顾问不再提废除日本天皇的条件。8月初，许多信号显示，日本希望通过瑞士作为外交的中间人而投降。8月10日，日本政府做出了投降的决定，消息在全世界迅速传播开来。

在几天之前，两个巨大的灾难已经降临在日本。一个灾难是美国在广岛和长崎投下了原子弹。另一个灾难是斯大林在8月9日对日本宣战。（或许这对日本造成的影响要大于投掷原子弹的影响。）8月15日，日本天皇史无前例地通过无线电广播向其人民宣布了日本投降的消息。一些狂热的日军试图毁坏天皇讲话的录音，但是他们失败了。服从与解脱是日本人民压倒性的反应。君主立宪制度将日本人民从进一步的苦难中拯救出来（这项制度已经在 1943 年和 1944 年拯救了众多的意大利人民，随后是希腊人民）。德国不是君主立宪制度，德国人民无法得到保护。对于德国人来讲，1945 年是“零年”。

第十二章

欧洲分裂几近形成

◆

欧洲依然是历史的中心—欧洲大陆的新地理—人民运动—僵化的欧洲分裂—“铁幕”—美国的第一反应—杜鲁门主义与马歇尔计划—冷战的中心欧洲—斯大林与亚洲

◆

一些读者可能会无可非议地提出疑问，为什么直到现在这本《二十世纪简史》还是主要在讲述欧洲（以及美国与苏联）的历史，却没有过多关注其他大陆和人民的历史。在20世纪之后，欧洲以往的主导地位和出众都已不复存在了。但在1914年至1989年间的两次世界大战以及随后的冷战中，欧洲依然是主要的战场和决定力量。所以可以说，考虑到这些世界大战对其他大陆的巨大政治经济和地理影响，同时还由于美国与苏联之间的冷战一直持续到1989年，所以欧洲依然是世界历史的中心。

1945年，在第二次世界大战结束时，欧洲的政治地理已经发生了改变，尽管并没有第一次世界大战后的改变多。大多数的改变来自 1947 年签订的一些条约。唯一重大的改变是德国领土的缩减与分裂，波兰的领土向西迁移，以及苏联边境的扩大。但是比这些边境的改变更加重要的是欧洲的实际分裂——欧洲大陆中部的一些区域以及东部的大部分区域归入了苏联的统治。

在很大程度上，苏联统治的地理区域，欧洲分离的本质，早在战争真正结束之前就已经确立了。总的来说，除了少数例外，在战争临近结束时，位于欧洲境内属于德国的柏林被沿线分割开来，奥地利、美国以及英国三国军队在此会面。甚至在此之前，1944 年 4 月，苏联、美国以及英国代表团就已经对于分派给各国的占领区域达成一致意见（几个月后，法国占领了从美国占领区域中分割出来的部分）；同样的还有奥地利，其占领区域协议于 1945 年 1 月确定。所有的这些分割被认为是避免冲突的必要和暂时性的方法，但事实并非如此。在战争结束时，美军已经与他们的同盟国苏联，在苏联占领的德国中部的部分区域内会面。1945 年 7 月 1 日，美军撤退回所属区域的边界；同时美国和英国兵团被允许进入分割给它们的柏林和维也纳市区。不到一个月之后，第二次世界大战结束。许多有影响的美国政府官员和意见领袖仍不愿意承认在苏联和美国之间重大而严峻的政治冲突正在逼近。哈里 · 杜鲁门却并不这么认为。一年后，这一冲突变得真实而明显。

与此同时，中欧和东欧出现大量的人民运动，目的在于改变欧洲的民族地理。至少 300 万的德国人在苏联攻取他们祖国的之前就向西逃亡了。另外三四百万人被驱逐出捷克斯洛伐克和波兰。其他成千上万人离开了他们在南斯拉夫和罗马尼亚的土地和住所。这一移民潮持续了至少两年之久。这可能是第二次世界大战所带来的最为持久的影响之一。

几个世纪以来，第一次在一些地方，在某些地方是千年以来，没有德国人留在东欧，而是越过了民主德国的新边界。同时，大约在1974年之后，这是千年以来第一次位于西半球的犹太人要多于在欧洲和苏联的犹太人。

问题或是麻烦并不是苏联在东欧的利益范围，而是苏联的条件。斯大林将如何处置它？这将意味着什么？充满不祥意味的差别早在1944年8月就成为事实了。我们比较一下在苏军解放华沙、美军解放巴黎时两者决策的差异性。在穿越华沙时，苏联人并没有对目击德军消灭波兰家乡军而感到不快，因为后者并不是共产党人；而美国人出于善意，允许戴高乐领导的自由法国在解放巴黎中占据一个重要地位，尽管戴高乐并非亲美派。在第二次世界大战结束后不久，越来越多的证据显示，斯大林想要将他所控制的欧洲区域隔绝于西方世界之外。在很早之前，丘吉尔就先于其他人开始担心斯大林这样做的影响。当时，丘吉尔的权力十分有限，在1945年8月的英国大选中，他和他的政党失败，工党以压倒式优势获胜。但丘吉尔依然觉得自己有责任将他的担忧毫无保留地说出来。1946年，丘吉尔前往密苏里州的富尔顿做了关于“铁幕”的演讲。他警告美国和西方世界，从波罗的海延伸到亚得里亚海的“铁幕”，是一个坚固的将欧洲大陆一分为二的屏障。为了表示支持与友好，杜鲁门总统陪同丘吉尔一起前往富尔顿，尽管美国政府还没有准备采取措施反对苏联。

但美国很快就会采取措施了。1946年年底，苏联政府开始威胁土耳其，试图分裂伊朗的一个省。与此同时，希腊共产党员又恢复了与选举产生的希腊当权者之间的内战。杜鲁门派了两艘骄人的战舰经达达尼

尔海峡和博斯普鲁斯海峡进入黑海。1947 年 2 月，杜鲁门宣布了后来被称为“杜鲁门主义”的国情咨文：美国将恪守承诺保护土耳其和希腊的独立。紧接着，美国又宣布了以备受尊敬的将军，后来成为美国国务卿的乔治 · 马歇尔命名的马歇尔计划：美国慷慨地提供资金和物资以恢复遭受战争破坏的欧洲国家的物质条件。（援助甚至扩展到了苏联范围的国家，但是遭到这些国家政府的拒绝。）当然，马歇尔计划的目的在于控制共产主义的进一步发展。在某种程度上，由于苏联的战时威望，共产主义政党在一些西欧国家发展得更为强大，例如在法国和意大利，但以其强大程度还不足以获取政权。的确，在整个冷战期间，40 年或者更长时间里，没有一个铁幕以西的欧洲国家走上了共产主义的道路。但是，到 1947 年，美国与苏联的对抗，即所谓的冷战开始了（虽然“冷战”这个词语直到一年后才被一些美国公共思想家所发明出来）。

同时，值得注意的是，斯大林在东欧建立的“极权主义”帝国早在冷战初期就已经出现了问题。在 1945 年与 1946 年间，在斯大林统治下的一些国家的选举中，共产党并没有成为大多数。然而斯大林所期盼的笃定的亲苏派，而非一定是东欧的共产党政权这一愿景没有实现。也许是由于其自身的不安全感所致，斯大林认为最安全的推动东欧共产主义统治者的方法无疑是由他的谄媚者执政。在 1947 年与 1948 年间，这样的政权被安插在了由斯大林控制的欧洲范围的每一处；1948 年 2 月，捷克斯洛伐克是最后一个实现共产主义政党统治的国家。与此相伴的是真正的铁幕的出现：带电的铁丝栅栏，以及靠近栅栏的瞭望塔和地雷阵，一直沿着边界将东欧与西欧分割开来。斯大林认为这是十分必要的。然而，早在 1948 年，苏联在东欧的垄断统治就首次被打破了。南斯拉夫的共产党员约瑟普 · 布罗兹 · 铁托赢得了一场类似内战的胜利，导致他于1945年在没有苏联的帮助下开始了他对这个分裂国家的残暴统治。1948年，苏联特工向斯大林告发铁托，称其在没有征询苏联的情况下创立一个新国家。斯大林立刻公开宣布铁托是一个异教徒并且将他开除出共产主义国家互助会。在某种程度上，由于铁托拥有稍微有利的地理位置，所以他并没有对此屈服。

德国依然是欧洲的中心，同时也是冷战的中心，这里的政府还在进行最后无关紧要的尝试，寻求在东欧与西欧之间，苏联与美国之间达成某种协议，其尝试的目的在于与德国达成一项和平条约，然而，该条约于1947年被终止。在此之后，德国将分裂为两个国家的事实越来越清晰可见，一个是联邦德国（非共产主义国家），一个是民主德国（共产主义国家），其首都位于东柏林，同样柏林也被分为两部分（尽管在两者之间没有完全无法逾越的障碍）。如今，两个单独的国家被其各自的同盟国所承认；这样的情况持续了一段时期。到1949年，欧洲的分裂基本完成。那一年，成立的北大西洋公约组织使得美国军事力量在欧洲的永久存在正式化，随之而来的是冷战的一个危险顶峰时期。

斯大林知道，欧洲（特别是德国）依然是现代历史的中心。他在远东的利益，确切来说是在西半球的利益是有限的。1945年，他就赞成联合国应该建立在纽约。在斯大林加入对抗日本的战争，并且在后者投降之后，他要求苏联占领日本的四大主要岛屿中的一个，杜鲁门对此予以回绝，这件事到此为止。一直到1947年，斯大林没有反对美国吸收以前位于西太平洋的日本岛屿，也就是说美国控制着太平洋海域。1948年，斯大林立即承认了新建立的以色列国。同年，朝鲜分裂成为两个国家，北部是苏联的一个卫星国家，南部得到美国的支持。

斯大林并不认为中国是一个大国，尽管在战争期间他同意罗斯福的观点——中国是大国。与此同时，中国内战正在以蒋介石为首的民族主义者和以毛泽东为首的共产主义者之间展开。美国向蒋介石提供了大量的帮助；苏联对后者的帮助却甚小。1945 年，他们占领了东北三省的部分地区，但随后又离开了那里。苏联从日本得到了库页岛的南半部；从中国得到了位于中国海的一个海军基地。1947 年，马歇尔将军，当时的美国国务卿前往中国，企图在中国民族主义者和共产主义者之间进行调停，但结果却是徒劳。到 1949 年，中国共产党已经获得了中国内战的胜利。蒋介石和他的其余支持者则逃往台湾岛。

所有的这一切（以及苏联在 1949 年引爆第一颗原子弹的消息）对美国的政治、战略以及民情却具有深刻的影响。如今，共产主义似乎成为了全球最强大的力量。紧邻苏联的中国以及大部分的欧亚大陆国家，它们有些可能是，有些确实是共产党执政。随后，位于远东的共产主义国家和非共产主义国家之间的第一场战争爆发了。

第十三章

勇敢的哈里 · 杜鲁门

◆

冷战的高峰—朝鲜战争—斯大林去世—苏联开始撤退—美国的误解—苏联与中国—所谓的“第三世界”出现—古巴导弹危机—冷战紧张局势缓和

◆

“国际关系”是一种错误而虚假的术语，尽管，其在 20 世纪被广泛使用，该体系的创建致力于学术研究，同时，被其业界代表授予了至高无上的学术性地位。然而，这是一个错误的用词，因为几乎所有人讨论的并不是国家与国家之间的关系而是政府与政府之间的关系。它包含着许多内容（包括联合国在内，它不是一个组织而是一个不太恰当的集合，同时它也不是一个国家的而是一个政府的集合）。事实的确如此，特别是在民主时期（并贯彻整个历史时期），国家之间的关系可以是非常重要的，有时候，它能够或多或少填补传统而实际的政府之间关系的框架。然而，作为 20 世纪的一种特有现象，即使是冷战的本质也是苏联与美国的两个巨大的政府之间的关系，而不是共产主义与资本主义之间的关系，或是极权主义与民主主义之间的关系，或是无神论与有神论等之间的关系，尽管民意和民情在全球冲突中起着至关重要的作用，其程度已经到了影响国家之间关系形成的地步。在冷战期间，它们的影响，确切地说是这些因素对于引导美国实行全球政策要比引导苏联实行全球政策更加重要。对此，我将在第 14 章进行详述，但现在我必须简略地总结一下在冷战高峰期以及之后苏美两国之间的关系。

确实，在这个期间的政府之间的关系恶化到了在现代史无前例的程度。这是苏联及其新的卫星国家的领导人所做选择的结果。这些国家与非共产主义国家及其政府之间的交往被减少到了最低限度。同样的，国际贸易方面也是相同的情况。在这些国家中，非共产主义国家的大使馆和公使馆受到秘密警察部门的隔离，而且，这些大使馆和公使馆的员工被限制的程度，也是前所未有的。留在这些国家的外国公民有时候会毫无理由地被监禁起来。无论在国际关系还是政府间关系方面，这些国家对世界的其他大多数的国家都采取了闭关政策。

攻击行为以及防御行为或许是对立的，然而两者又常常会同时发生。有时候，它们的动机包括怀疑与恐惧。因此，怀疑以及恐惧可能已经成为了苏联在冷战期间，特别是冷战高峰期的主要倾向，这既不是片面也不是夸大之词。同时，在这里我们必须特别注意几乎在方方面面与卡尔 · 马克思相左的斯大林对这些国家是心怀蔑视的，宣称这些国家迟早都会全部消失。斯大林差不多是一名政治家，而不是一名革命者。他对于法国、意大利甚至是希腊的共产党并不感兴趣。在第二次世界大战结束以及冷战期间，斯大林的主要兴趣是通过各种可能的方式继续保有划拨给他的东欧各国。但是，斯大林肯定也明白丘吉尔在1944年11月向戴高乐讲述的令人不悦的事实：苏联这只狼胃口很大，但在进食之后将会出现消化问题。作为一名现实主义政治家，斯大林比其他人要早于意识到这个问题。类似苏联从东欧撤退，在1953年3月，也就是斯大林去世之前，早在冷战期间甚至在冷战之前，就已经开始了。1948年，斯大林选择与铁托决裂，但却突然停止了反对南斯拉夫的军事行动。同年（在我看来，这更加意义重大），斯大林与芬兰缔结了一项条约，由于他敬重芬兰的军事德行深为推崇，所以芬兰成为东欧国家中唯一被允许保持相当程度自由的国家。（芬兰人聪明地建议他们的邻居瑞典不要加入北大西洋公约组织。）之后，1948年，苏联试图通过关闭西柏林与联邦德国之间的大部分地上交通设施的方式，来限制或封杀西柏林的西方势力。西方列强，最主要是美国，通过空运方式，成功地给西柏林提供了大量食物与供给。1949年，苏联终止了对柏林的封锁。

随后，1950年6月25日，在朝鲜半岛爆发了一场真正的战争。我们仍无法获悉这个决定是否在根本上得到斯大林以及刚刚取得中国内战胜利的毛泽东的认可。不管怎样，他们误解了美国。美国在韩国的军事力量只有很小一部分，它们并不像中国台湾和日本那样，是美国在远东的防御系统的正式部分。美国总统哈利·杜鲁门立刻下令美军，特别是美国海军支援韩国。朝鲜暂时保持领先势头，但是很快由麦克阿瑟将军计划实施的美国海陆两军入侵，导致双方局势出现了大反转。不久，美军就进入了朝鲜境内，临近中国边境。中国领导人派了大量的中国兵力对抗美军。战争最终结果是，大致以先前的边界为主划了一条停战线，即三八线。最终的停战协议在两年后签订，当时斯大林已经去世。斯大林并不想给朝鲜提供实质性的帮助；相反，美军一直保持远离苏朝边境。战争的一个长期的结果是，在冷战期间，朝鲜战争是美国军事力量第一次干预亚洲地区。随后，美国的军事力量也参与到了其他诸如此类的地方，其产生的结果还无法确定。

1952 年 3 月，斯大林就欧洲分裂问题，主要是关于没有得到充分重视的德国的问题提出了一个惊人的改变。他提议将两个德国统一起来，撤除位于两个德国范围内的所有外国（苏联和美国）军事力量和军事设施，废除所有的德国军事联盟，从本质上实现全部由德国武装力量驻守，并进行自由的德国选举。这很可能是斯大林一个精明的转变，目的只有一个，即在德国人民之间制造混乱，并防止德国与美国进行联盟。这样的联盟是斯大林主要担心的问题，他可能已经做好了认真表明其提议的打算了，并以此作为重要协商的一个基础。我们无法对此做出判断。无论如何，作为西方最强势力的美国以及由康拉德 · 阿登纳任职总理的联邦德国，双方都毫无迟疑地立刻拒绝了斯大林的提议。即使没有任何结果，但这样一个提议对于斯大林来说是一项重大的举措，当时他已经生病，而且身体状况可能也不稳定。不到一年，他就去世了。

斯大林的继任者开始是格奥尔基 · 马林科夫，随后是列昂尼德 · 勃列日涅夫和尼基塔 · 赫鲁晓夫，最终权力和权威越来越向后者赫鲁晓夫集中。苏联在外交关系上的改变似乎比其国内的改变更加引人注意，其中包括赫鲁晓夫在 1956 年发表的令人惊讶的严厉抨击斯大林的某些暴行的演讲。甚至在此之前，苏联就已经开始后退。苏联公开承认联邦德国政府的存在，同时与联邦德国多少也建立了正常关系，但没有要求西方列强包括美国对民主德国这个共产主义国家做出同样的认可。苏联将一个海军基地归还芬兰，将其他两大国占有的领地归还中国政府。苏联以放弃其在奥地利的占领区域为交换条件，要撤除在奥地利的所有外国军队，由此最终确立了奥地利的中立立场和独立性。赫鲁晓夫与南斯拉夫以及欧洲各国建立了正常关系。他试图与美国改善关系（当时由德怀特·艾森豪威尔总统执政的美国政府对如此的改变并不在乎，至少在一段时间内情况如此）。与此同时，在民主德国爆发了一场工人反抗，不久之后，斯大林在1953年的逝世，导致苏联政权根基发生震荡；叛乱只好在苏联军队的帮助下被镇压下来。1956年10月(在赫鲁晓夫的上述演讲之后)，类似的反抗在波兰爆发，经过波兰共产党及其政府的让步才最终平息下来，一位颇受欢迎的爱国主义者瓦迪斯瓦夫·哥穆尔卡成为了波兰的新任领导人。

不到一周之后，匈牙利遭遇了一场全方位的革命洗礼，在此期间，一名爱国且深受人民喜爱的党的名人伊姆雷·纳吉成为了这个国家的领导人。最终，他甚至宣布匈牙利从东欧的共产主义国家联盟中退出。连续几个日夜，位于莫斯科的苏联领导者们处于近乎恐慌的状况。他们宣布并开始从匈牙利撤出苏联军队（或许，他们甚至希望美国军队同样也从西欧或南欧国家撤出）。但是这种希望并没有发生，而且他们不得不改变自己的想法。11月4日，苏联军队再次占领布达佩斯以及匈牙利的其他城市。纳吉以及其政府的多数成员被逮捕并进行审讯，两年之后，这些人都被处死。近20万的匈牙利人逃往了西方世界（这些国家的政府认为，除了对苏联发表自以为是的谴责之外，最好什么也不做）。另外一个虽然较小却导致这些国家出现被动情况的因素是，中东同时期出现了一场危机，涉及英国与法国、埃及与以色列以及苏伊士运河。苏联政府公开宣布支持埃及，但实际上他们的支持甚微或者说根本没有提供什么帮助。（在这一事件中，他们甚至站在美国一边来反对英国和法国。）与匈牙利革命一样，苏伊士运河危机在几周之后得以平息，尽管冷战并未结束。

美国公众将苏联在东欧的问题与反应视为进一步证实那个巨大的共产主义国家与生俱来而无法避免的特征。1957 年，苏联的权力似乎在苏联第一次成功进入太空（所谓的人造卫星）后得到巩固。同时，令人担忧的是，赫鲁晓夫在 1958 年对于柏林问题的重新开放。与他们在十年前的反应不同，如今的苏联试图通过与四大强国协商的方式，最终与西方列强达成某种和解，然而，一切都是徒劳。1961 年 8 月，当时民主德国政府（得到了赫鲁晓夫的勉强同意）关闭了在东西柏林之间很小但依然开放的通道，每一年都有成千上万的民主德国人民通过这条通道逃往联邦德国，一场有关东柏林的危机突然发展到了顶峰状态。很快一堵巨大墙体将两个城市一分为二。然而，这次民主德国政府所做的厌恶的决定重点还是防御而不是进攻：如果柏林的最后通道继续保持开放的话，大量无法阻挡的民主德国人将不停地向外涌出。

更能说明问题的是墙体建立的时间为 1961 年 8 月。因为在那个时候，东欧与西欧之间，特别是美国与苏联之间的关系已经得到改善。早在几个月之前，新任美国总统约翰 · 肯尼迪已经在维也纳与赫鲁晓夫进行了会面。他们的会议没有得出什么结果（如同 1959 年艾森豪威尔总统与赫鲁晓夫在华盛顿的会谈一样），但是这次会谈的气氛要明显好于上一次。更为重要的是，在封闭东柏林的柏林墙建起的关键时刻，有迹象表明在东欧的其他地方“铁幕”已经开始生锈，出现越来越多的小洞。在东欧与西欧一些国家之间，商业、旅游、思想甚至政治的接触越来越频繁了。

但是，与“铁幕”的锈迹斑驳相比，更重要的是，两大强权共存的世界即将终结。每一件事情，或者几乎每件事情都取决于这两个超级大国——美国与苏联之间的关系。我之所以使用“即将”这个词，究其原因在于 1961 年提及第三世界还为时过早，尽管 20 年之后，第三世界已经不单单是拥有华丽辞藻的现实，又过了不到 10 年的时间，伴随着冷战，两大强权世界的优越性逐渐减弱。反殖民主义的传播与普及，连同不结盟运动的蔓延，在本质上意味着亚洲与非洲的重要性，两者至少包含着全球二分之一的人口，这里的民族与智力的起源要更早一些。它们在 20 世纪 50 年代走向了所谓的现实，并于 1955 年召开了“不结盟国家”的万隆会议，随后又召开了其他诸如此类的会议。当然，上述的一切发展，包括第三世界的概念，并不是模糊而不严密的关于反殖民主义和“反结盟”华丽辞藻的会议的结果，而是伴随着整个时代的结束——大多数的欧洲列强在 20 世纪 60 年代初期放弃了它们的殖民地。我将在随后再谈到这点，在此之前，让我们来留意一直到 1961 年时欧洲的中心地位。举个例子，西柏林的边界稍微向东移动，或是东柏林的边界稍微向西移动，或许其移动的范围几乎都不到几十平方英里，但这对于世界政治的影响却远远要比当时发生在所有其他大陆的事件更加重要。

然而，欧洲的政治的卓越性，以及两极世界乃至冷战都不会持续太久。的确，可能有人会认为早在 20 世纪 50 年代，第三强权已经存在，它就是中国。1955 年万隆会议的领导者和塑造者邀请、劝诱并欢迎中国成为“不结盟”国家，这与那场集会的许多其他构想和声明一样都不准确。但是他们的考虑也是有道理的，因为很快在两大共产主义势力中国和苏联之间出现了很多的问题。当赫鲁晓夫在 1959 年访问华盛顿时，他议程中不起眼而重要的一项就是向艾森豪威尔总统传达美苏合作一起对抗中国的可能性。艾森豪威尔对于赫鲁晓夫的到访既不感到高兴也没有什么兴趣，因此，他并没有对此做出什么反应（正如他拒绝响应赫鲁晓夫的其他提议一样）。在不到 11 年后，理查德 · 尼克松总统明确方向，着手改善美中之间的关系，其声势浩大地访问中国，并与毛泽东拥抱，使两国关系达到顶峰。

到那个时候，美国与苏联之间的冷战正在逐渐消退。但它们之间依然存在一些问题，当两国的矛盾突然爆发时，唯一能做的就是像它迅速出现那样迅速将其平息。其中发生在 1962 年的一次出乎意料的危机涉及古巴。在四年以前，古巴曾爆发了一场短促的革命，结束了伪独裁者富尔亨西奥 · 巴蒂斯塔对古巴的统治。如今，菲德尔 · 卡斯特罗上台执政。他的一个基本偏好就是不喜欢美国。（他暂时与佛朗哥执政的西班牙建立并保持着良好的关系。）卡斯特罗希望去华盛顿拜访艾森豪威尔，但是美国总统对此不予考虑。卡斯特罗寻找其他的美国对手支持他的政权。（对他来说）共产主义和苏联是显而易见的选择。后者表现得十分谨慎。卡斯特罗再三争取古巴与苏联的联盟，但对方都置之不理。与此同时，他逐步确立自己在古巴的独裁地位（这是一个距离美国不到 100 英里的国家，在不到 60 年之前，美国使古巴的存在成为了可能）。到 1962 年，华盛顿的肯尼迪政府想要除去卡斯特罗的想法越来越明显了。1961 年，美国努力支持游击队，最终他们在古巴猪湾的入侵行动失败。越来越多的迹象表明，由于多方面的原因，肯尼迪总统正在考虑采取激烈行动，包括可能对古巴进行一场大规模的入侵。

卡斯特罗对此感到惊慌失措，他恳求苏联政府给予其帮助。在经过一定深思熟虑之后，赫鲁晓夫认为他不得不做一些事情了。然而，他依然不愿意宣布苏联与古巴进行联盟，因此他选择向卡斯特罗提供了一些武器。苏联将给古巴运送导弹，但是是有条件的：他们运送的是中程火箭，其射程仅仅能够到达美国南部位置；而且这些武器只允许苏联军事技术人员进行装备、操作和控制；同时，这些堆放在苏联船舶露天甲板上的武器，将从距离古巴5000英里的苏联港口运送至古巴，美国的航船和飞机对此情况一目了然。1962年10月中旬，美国对此也做出反应，在佛罗里达州南部集合了美国远征军。肯尼迪总统宣布对古巴实行封锁。10月24日，美国海军舰船和飞机正在接近第一批装载着导弹的船舶，船板上的武器清晰可见。苏联船舶停在港口。两天之后，苏联人提出他们驾轻就熟的补偿协定：如果美国撤除他们在土耳其北部，临近苏联西南部的导弹基地，那么，苏联将撤除在古巴的导弹和基地（以及他们少量的飞机）。美国政府对此表示同意，尽管美国拒绝承认这对于美国人民来讲是一场互惠的交易，不过也没关系。不久，美国实施了对古巴的封锁。不久之后，苏联导弹及其人员离开了这个岛屿。

这是两个超级大国在冷战期间的最后一次危险的对抗。在接下来的25年时间里，两国之间还存在一些不太重要的冲突，但是，在很大程度上冷战已经消退。古巴导弹危机的影响之一，即1964年赫鲁晓夫被免去了领导职务。美国的总统和政治家们依然有时想要将这样的矛盾看作善与恶的历史性斗争。然而，这一切显得越来越不重要，特别是美国和苏联都不得不面对所谓的第三世界的各种发展。

第十四章

美国的民族主义，美国的善行

◆

美国的世纪：不仅如此—并不是时期问题—美国人口构成的改变—第二次世界大战期间以及第二次世界大战之后的独特性—美国的民族主义—美国保守主义的出现—即将结束冷战的美国

◆

早在1914年之前，美国就已经走在向世界最强国发展的道路上了；随后，美国不断成长最终达到目标并且至今保持其领先的地位。1914年至1989年这段时期，既是历史的20世纪也是美国的世纪，究其原因不仅由于美国赢得了世界大战以及所谓的冷战的胜利，同时还由于美国在整个世界战争与和平的过程中已经影响到了越来越多国家及其人民的生活和习惯了。这里出现了一个几乎超越任何严肃的历史学家能力范围的问题，因为关于美国与世界其他国家关系的这个主题实在是太大了，特别是在20世纪。

1914年，多数美国人，真的是绝大多数美国人对于发生在欧洲的战争景象颇感兴趣，但却不希望美国牵扯进去。几乎在不到两年之后，情况不再是如此。美国的民意与民情发生了结构性的转变，在某种程度上，这在美国历史上几乎是前所未有的状况。1914 年，古老的欧洲再次陷入了大战的痛苦中，与其相比，大多数的美国人都为他们进步的、民主的国家而感到骄傲。1917 年，大多数的美国人相信美国有责任让旧世界建立正确的秩序。1915 年，美国拥有一亿人口。一个历史的巧合：当时美国人刚刚建成了巴拿马运河，在全世界越来越多人民的心中，这是又一项与美国有关的巨大的工程技术业绩。

1912 年，由于在共和党内，威廉 · 塔夫脱与西奥多 · 罗斯福之间的一次不同寻常的分裂，导致美国总统不再是让人印象深刻的西奥多 · 罗斯福，而是伍德罗 · 威尔逊，与其前任相比，伍德罗 · 威尔逊的世界观较为不现实。然而，在第一次世界大战即将结束时，威尔逊的一些想法改变了欧洲的版图；而且，这些想法在美国国内也产生了持久的影响。民族自决的传播以及第一次建立类似一个世界政府的国家联盟，这一切都应归于威尔逊。无论它们存在什么样的缺点，在威尔逊卸任之后它们依然是美国外交政策的工具。

然而，不管谁作为总统，在经过一百多年后，美国精挑细选的道路发生了一个大逆转， 1917 年美国加入了欧洲的大战，促使美国在很多方面体现其作为世界最强国家的优越性。与此同时，美国在战争的损失只是一小部分的人员伤亡，而欧洲的交战国家深受其害。

此后，威尔逊在欧洲的影响以及他在美国人民心中的受欢迎程度开始减弱。自 1920 年起，共和党在一次又一次的选择中获胜。虽然是平庸的共和党总统，虽然美国对欧洲的干涉予以否认，20 世纪 20 年代的美国处于世界的最高点。很多今天的实践和理念，从性自由的宽容到建筑、艺术、文学、音乐以及装饰领域的创新，都是出现在20世纪20年代，是对“新”事物的适应（例如，不知从何开始“后现代”这个名称几乎没有了意义）。许多这样的创新都起源于美国。

这章的主题是美国以及美国与世界的关系，它们彼此之间是交互影响的。从政治上讲，影响依然非常轻微；但在生活的其他领域，美国对于欧洲的影响是非常广泛而深刻的，渗透到了社会的各个层面，包括对美国音乐和电影的广泛喜爱。特别是在欧洲，美国的流行文化的影响在20年代之后依然在增长。

到上世纪30年代末，在另一场欧洲大战的乌云开始慢慢聚集时，许多人对美国在即将发生的危机中的反应十分关注（以及在某些领域的希望）。因此，在世界历史当中，与1914年相比，1939年有着更加显著的不同：如今，美国将采取什么措施变得非常重要。

在1933年以及1933年之后，富兰克林·罗斯福为美国人民所做出的伟大贡献来自他的自信。在很大程度上，自信同样可以说是他在国外的形象。自林肯之后，没有哪位美国总统在欧洲和亚洲能拥有如此形象了。到了1939年，无数的欧洲人（和中国人）知道罗斯福执政的美国倾向于，且的确是支持希特勒的敌对方。在远东，罗斯福支持中国的民族主义者，而他和他的海军也清醒地意识到日本的侵略计划。（在其职业生涯中，罗斯福最初是一名海军，这样的一种经历无论是对他个人，还是对于实施美国战略都有好处，至少在第二次世界大战的第一年是如此。）1940年，罗斯福做的两项决定对于战争的历史，对于整个世界都具有决定性的影响。第一个决定，在6月份，他明确表态，无论西欧发生什么，美国都会支持丘吉尔领导的英国。第二个决定与第一个决定相比，虽然并不是那么众所周知，但却一样重要，这是他（与海军上将斯塔克）在 1940 年 11 月提出的。如果美国在大西洋和太平洋面临两线战争以对抗德国和日本的话，那么与德国的战争具有优先权。打败德国必须在打败日本之前。事实的确如此。

随着战争的持续进行，罗斯福充分意识到（可能多数的美国人民也同样意识到），美国现在已经是世界上的最强国家。在 1942 年或 1943 年年初，罗斯福已经断定苏联是第二大强国，因此他与斯大林的关系要比他与英国政府的关系更为重要。在战争期间，这样的一个评估是有一些道理的，但从更长远来看却并非如此。1945 年 4 月 12 日，在希特勒去世的 18 天之前，罗斯福去世。第二天，斯大林命令苏联报纸在其头版报道罗斯福去世的消息，并印以黑色边框表达哀悼。但这并没有太多的意义，因为冷战在东欧洲已经开始形成（罗斯福拒绝对冷战给予太多关注，如果说有关注的话）。

1945 年，美国拥有的海军数量很可能比世界上所有国家拥有的海军数量还要多。在那时，美国的黄金储备量占全世界黄金储备量的三分之二。战争之后，美国人和他们的国家还像以前那样慷慨大方。美国人给予了近期还是敌人的德国、意大利、日本大量的帮助，甚至比给他们战时的欧洲盟国更多。1947 年的所谓马歇尔计划就是其中不可或缺的部分。令人震惊的是，美国人几乎不依靠出口的大量工业和农业产品来获取收益：美国生产的超过 80% 的产品都是供其本国人民消费的。

抛开逐渐发展的通货膨胀，这种国家的繁荣正在改变着美国的社会。阶级差别正在慢慢溶解。（英格兰或苏格兰裔美国人在全美人口中所占的比例不到 17%，然而，一直到 1950 年他们依然在美国的许多传统机构当中担任领导人。）“上层阶级”“中产阶级”以及“工人阶级”依然是普遍使用的表达，但其所包含的意义越来越少了。低阶层的人逐渐流入高阶层中。社会流动性既是地理的也是社会的；许多美国人向西部和南部迁移。这在美国的历史上十分寻常，但也发生了一些其他事情。在20世纪，不仅美国历史的农村和农业时期即将结束而且与美国历史上的“资本家”和城市时期也将要结束了。大约在1800年之后，美国的大城市发展十分迅速。年轻人、善于交际且聪明又雄心壮志的人们迫切地希望居住在这些大城市中，丢弃所谓的束缚、狭隘以及乡下人的生活和思考习惯。这并不是在所有情况下都是正确的；但是“urban”（城市的）与“urbane”（都市化的）在当时都包含着认可、赞赏的意思。1945年后不久，这种趋势逐渐减弱。对于许多，甚至是大多数的美国人来讲，在距离他们不太遥远的城市之外获得一个由房屋和花园组成的小小的独立房产成为可能。一旦在城市和乡村之间架起桥梁，城郊便开始吞噬两者。到20世纪50年代中期，一般的美国人都不在城市，而是在郊区。由此带来了很多影响，例如之后的许多美国妻子们倾向于外出寻找工作。

美国的民族主义并没有停止或减弱，而是在冷战的最初时期找到了新的出口。从1945年到1947年，美国对同盟国苏联从战时以及不时的极度欣赏转变为一种充满担忧的敌意。其中的原因十分简单，因为苏联自己的行为。但是它还包含了一些，或许是典型的美国式的影响：去看看这个世界，特别是美国的对手，这里指的是意识形态方面的，而不只是地理或政治方面。美国大众普遍认为，共产主义对美国和世界来讲是非常危险的。在第一次世界大战以及布尔什维克革命之后（当时西方世界称之为“红色恐怖”），1920年至1922年间就出现了这样一个短

暂的先例，但在1947年之后，这种恐惧更加强大、无处不在而且持久时间更长。由此带来了一些令人遗憾的后果。它不时影响并阻碍了美国的外交政策和美国的一些总统。同时它也导致了美国大众全身心关注国内的共产主义支持者以及他们的同路人，尽管其力量很小，但是他们的影响已经存在，特别是在1947年之后。野心勃勃的实施者，例如参议员约瑟夫·麦卡锡对美国宪法自由所造成的危害不仅仅是令人感到遗憾，好在这并没有持续太长时间。然而，持续时间更久的是意识形态的部分，一直延续到冷战剩余的大部分时间。

其中还包括美国“保守主义”运动的出现和发展，这场运动始于1950年后不久。在很长一段时间里，美国的公众人物，包括差不多所有的美国政治家都对此有意避开。但现在情况发生了改变。“保守主义”如今意味着坚决不动摇地反对共产主义。但无疑在20世纪三四十年代，“保守主义”还意味着反对主导着许多美国知识分子的生活及其体系的自由主义和进步主义。直到20世纪50年代初，一些德高望重的美国思想家、学者、作家甚至历史学家还在其严肃的著作中表示，美国只有一个学术传统，那就是自由主义传统。然而，事实并非如此。一些聪明而思想独立的作家和思想家不断地发现美国历史上的保守派，无论他们是否自称为保守派。但是，更有效地促进20世纪50年代美国的保守主义运动发展的是对“自由主义”这个名称越来越不满（至少部分原因在于美国自由主义的无节制）。如今，许多自我标榜为美国保守派的人实际上根本不是保守派。直到1952年，作为一名共和党保守派和民族主义人士的参议员罗伯特·塔夫脱称自己为“守旧的自由主义者”。又经过十年后，继续罗斯福新政并发展社会保障的艾森豪威尔总统，有一次称自己为“保守派”。十多年后，美国人民投票选举罗纳德·里根当选总统，在他的一些表述中也包含着那种激进的保守派说辞；次外，他还宣称苏联是一个“邪恶帝国”。

其中一些是重要的，但并不是特别多。当美国人的习惯、生活方式以及思想发生改变时，他们以不同的方式表现。例如，20世纪60年代所谓的青年革命导致人们在行为、着装、音乐、娱乐甚至社会礼仪和性行为方面发生了急剧的变化（更确切地说是他们所欠缺的方面）。值得称道的是，《民权法案》在20世纪60年代中期由林登·约翰逊总统签署，这项法案使美国黑人受益匪浅。同样的这位林登·约翰逊总统对美国的军事霸权地位颇为自信，于是继续扩展其在印度支那的势力，从而爆发了越南战争。然而，继续进行的战争变得越来越不受欢迎，最终以美军撤退告终。对于美国来讲，其他更为持久的问题开始出现。黄金一直从美国国库流出，直到1971年，美国总统尼克松开始禁止将黄金借与外国借贷方。更重要的是：美国的国内通货膨胀正在不断加剧，同时美元的国际价值也开始下降，而在国内信用卡的融资及其交易几乎越来越普遍。更重要的是，美国人口的构成正在发生改变，主要原因在于越来越多（且常常无法控制的）来自其他国家的人口移民到了美国南部，大量的西班牙裔带来许多文化甚至是政治的影响。然而环境和条件的变化并没有引发强烈的公众反应，唯一一点或许是曾经习惯的“自由主义”与“保守主义”的分类已经变得越来越不准确，失去了它们从前的意义。

1980年，似乎但仅仅是似乎冷战正在恢复。里根总统的一些言辞以及行为似乎表明了这种趋势。里根是一名“保守派”和反共产主义者，他以前还是一名电影演员，也是一名多愁善感的民族主义者。如果苏联的重大危机没有同时发生的话，这种趋势本来是危险的。“邪恶帝国”在里根成为总统的时候就开始瓦解。在里根的第二届总统任期期间

（他于 1984 年以压倒性的优势再次当选总统），里根甚至认可新任苏联领导人米哈伊尔 · 戈尔巴乔夫不仅在试图改变苏联政府，同时还在改变苏联与邻国，以及与全世界的关系。最终，两位领导人举行了一次友好会面。随后，里根乘坐总统专机飞回他心爱的加利福尼亚州南部，冷战到此结束。

毕竟，里根是一名美国人。除去他的公开声明，除去他表面的而情绪化的美国民族主义本质，他并不缺乏某种仁慈与宽容。在更大程度上，美国人民同样具有仁慈与宽容的特质。他们愿意支持并鼓励许多被外国人看作美国“帝国主义”的东西，但这个词语也并不是很正确。毕竟，在过去的几十年中，美国并没有试图把美苏之间的冷战转化为一场真正的战争暴行。美国人的确认为他们的国家是世界上最伟大、最优秀、最强大的国家，而且事实确实如此。在膨胀扩张的美国式自信之下或者之内，存在着美国仁慈的一个持久因素。“之下”还是“之内”？这并不重要。真正重要的是另一个实例，即伴随着 20 世纪历史的整个冷战的结束。总之，美国人民欢迎这种转变以及在苏联的军事和政治的撤退，没有自我庆祝，也几乎没有任何胜利的感觉。

第十五章
“欧洲”以及冷战的结束

◆

“欧洲”：其概念的不精确性——第二次世界大战期间的主要目标——第二次世界大战后欧洲的分裂与影响——欧洲一体化的尝试——苏联解体——1898 年左右欧洲的飞速发展，但其影响无法预知

◆

这是我在本书中最后一次，将一个章节贡献给欧洲——冷战中和冷战即将结束时的欧洲。我的读者以及评论家可能有很好的理由反对这种欧洲中心论调。这本书的书名是《二十世纪简史》。但直到现在为止，我很少或者几乎没有讲述非洲、南美洲、亚洲以及世界的其他地区。在 20 世纪，世界人口的增长巨大。在 1950 年之后，欧洲，包括苏联的人口几乎没有增长，而世界上其他地区的人口数量增长超过了两倍。（1950 年全球总人口数量大约为 25 亿；1990 年，全球人口总数量大约为 53 亿。）那么，为什么要不平衡地强调并集中在欧洲呢？我的

原因十分简单。两次世界大战以及之后的冷战主要涉及欧洲；战争的主要战场在欧洲；战争的爆发在欧洲，这可能是历史上最后一次爆发在欧洲的一场世界大战了。在20世纪，欧洲的首要性依然存在，尽管它已经开始消退。20世纪是一个过渡性的世纪，它是整个时代的结束，并且很可能是一个新时代的开始。但是对于后者的猜测并不在这本小书的讨论范围内。

“欧洲”的整个定义较之于我们习惯认为的要更新一些。很长的几个世纪以来，这个词语并没有被广泛使用，而是保留在某些场合。从地理角度来讲，欧洲是位于亚洲西部的一个巨大的半岛。直到1833年，一位德国的地理学者才界定了欧洲的东部界线，即一条沿着分隔“欧洲”与俄罗斯帝国亚洲部分的边界。至于奥斯曼土耳其帝国，其在欧洲东南部的领地一直改变着这个帝国的生活。1914年，在地理上的欧洲范围内，土耳其只剩下了君士坦丁堡周围的一个非常小的区域。四年之后，苏联和德国从它们位于东欧的一些领地撤退，而靠近中欧的奥匈帝国已经四分五裂，由此导致的结果即新的东欧国家的建立。如今出现了一个全新而动荡的东欧。1914年，第一次世界大战的导火索在此点燃；1939年，东欧在诸多方面都成为了第二次世界大战爆发的原因。希特勒想要统治东欧，他知道如果他成功的话，西欧列强的重要性将会在很大程度上缩小。这就是为什么焦虑的英国政府在其历史上第一次，向东欧国家波兰允诺，希望波兰向希特勒转达他可能会成功，但不会走得更远，如此将避免第二次欧洲战争，也就是第二次世界大战。但事与愿违。希特勒转向与斯大林联合；随后他们分割了波兰和东欧的其他部分。

我们知道在1945年，更精确地说是直到1989年所导致的结果。

早在1945年之前，为了战胜德国，英国与美国依靠苏联。要么是希特勒统治几乎整个欧洲大陆，要么还是斯大林统治半个欧洲。拥有欧洲的西半部总比一点儿也没有要好，然而，斯大林的实践和方式却引发了冷战。更糟糕的是，没有人能够确信斯大林止步于“铁幕”。最终导致美国在军事上和政治上承担保护西欧国家的义务。另一个结果即深思熟虑的西欧人想要继续实行西欧一体化，或是一种可能的西欧联盟。这样的一种运动或迫切的要求微弱地存在于20世纪20年代，但随后被希特勒引发的战争而抛之脑后了。在1946年之后不久，西欧一体化的想法再次复苏，较之于战争之前“泛欧洲”的主张，前者传播的范围更广且更为重要。（丘吉尔是直言不讳的支持者中的一位。）1948年后又过了50年，欧洲体系的建立在逐步前进。我们没必要将其列入这本小书当中，因为这些都是众所周知的内容：包括欧洲煤钢共同体、欧洲经济共同体、欧洲防务共同体、申根计划（在欧洲大多数区域范围内提供畅通的旅行）以及欧洲共同货币欧元。

然而欧洲一体化的计划具有严重的缺陷，其中一些缺陷早在一开始就存在了。从最初起，欧洲联盟的重点就经济与金融问题，而不是国家与政治问题。在20世纪40年代末期，特别是一些西欧国家的年轻人，他们真诚地渴望一种类似政治联盟的东西。（起初，欧洲一体化运动的旗帜是白色旗面上镶嵌着一个绿色的大写字母“E”，之后，依然存在的欧洲理事会的旗帜倒不如说是对美国国旗中星星的平淡乏味的改版，只是没有条纹：12颗星星在深蓝色的旗面上围成一个圆。）有人相信经济必须领先于治国之道。然而，这种看法也对也不对。在1948年后又过了40年或50年，没有欧洲政府，没有欧洲的行政权力，没有欧洲的军队。1948年之后又过了40年或50年，欧洲年轻人对于统一的欧洲带来的“欧洲人”这一特别身份的热情和关注，早已经消退。除此之外，大部分的欧洲人还没做好准备去面对一个新情况下的问题和挑战：冷战的结束，苏联的解体，更确切地说是欧洲分裂的结束。在 1989 年后不过两年的时间，南斯拉夫在经过一系列的内战和部族战争后也解体了。令人羞愧的是，“欧洲”什么也没有做，而是允许美国通过空投炸弹干涉南斯拉夫问题。

在第二次世界大战接近尾声及之后，欧洲的人口发生了相当大的变化，第一阶段的变化影响到了大部分的德国。从 1945 年到 1948 年，超过 500 万的德国人涌入或从波兰和捷克斯洛伐克被驱逐到德国（其他更小的群体跟随着他们从南斯拉夫、罗马尼亚以及其他国家逃离出来）。出乎意料的是，这些德国难民顺利地被吸收进了繁荣的联邦德国社会，而且没有带来太多的政治影响。但在那之后，较之于东部，如今在南部发生了另外一个更加重要的和具有预兆性的改变。甚至早在欧洲海外殖民帝国结束之前，成千上万的人就开始了迁移，从南半球和东半球迁往西欧，其中一些人是合法移民，而另外一些人却是非法移民。他们前面还有其他人，有时，这些人为了在大工厂特别是在德国的大工厂寻求工作而短期移民（通常是土耳其人）。在 1961 年之后，数十万的甚至上百万的移民队伍不断发展壮大，他们主要来自北非和中东。他们带来了各种各样的社会与政治影响，其最终影响还无法预料。

在 1950 年之后，美国也不得不面对不断增长且大多非法的来自南半球的移民。无论是现在还是将来，这对于美国的社会构成以及对美国政治的影响都是巨大的。其中，两个主要要素能够区分美国与欧洲移民经历的不同。第一，北美陆块要比欧洲陆块大得多，更易于容纳新移民。第二，迁至北美的移民的孩子比迁至欧洲的移民的孩子更乐于受到同化。然而，过去500年的伟大历史性迁移如今正在发生反转。500年来，大多来自西欧的人跨越海洋，遍布其他国家并在这些国家定居。如今他们后代中许多人已经从那些国家返回西欧，而一些来自非洲和亚洲的人正迫切地拥向欧洲。

与此同时，一件非常重要的事情正在欧洲展开：苏联的撤退。早在1961年，“铁幕”就开始四处出现破洞（尽管柏林墙在当时正在建立）。贸易和旅行的限制以及知识文化的约束多少有些放松。这些局部的改革并非来自莫斯科的命令；它们几乎都是由卫星国家统治者的决定所导致的。一党专政国家及其统治者依然存在，但是显然他们的人民渴望更多的自由。其中一个例子就是捷克斯洛伐克，1968年，正派而有些理想主义的亚历山大·杜布切克打算将其国家政体转向欧洲的民主政体方向，但他对此并没有公开宣布。莫斯科的领袖人物为此十分担忧。他们决定援引《华沙条约》，即一个所谓的东欧卫星国家的联盟制度，并利用坦克和军队入侵捷克斯洛伐克。这次入侵并没有造成什么人员伤亡，甚至杜布切克也被允许退休过自己的生活。但事情并没有结束。两年后，工人起义在波兰波兹南爆发，并于1976年再次爆发。1978年，波兰枢机主教卡罗尔·沃伊蒂瓦被选为教皇，取名为若望·保禄二世，这是一个前所未有极为重要的任命，由于这位主教非凡的品质，同时还由于他在波兰的影响，1979年他参与其中。（30年前，苏联已经允许他进行访问？这真是令人难以置信。）同样的，一个新的波兰工人组织“波兰团结工会”出现，大刀阔斧与垄断的共产党及其国家彻底决裂。他们在1981年年底取得了大众的支持。波兰国防部长宣布戒严令并逮捕了莱赫·瓦文萨——波兰团结工会领导人，但是并没有对他进行起

诉。不久，波兰团结工会（以及瓦文萨）再次出现。苏联领导阶层犹豫不定，最终决定对此不予干涉。

但是冷战依然没有结束，主要原因在于1980年美国选举的新总统里根。在70年代，甚至是现在提起苏美关系“缓和”是有可能的，其中一个结果即两者于1975年在赫尔辛基签署的总协定，包括累赘缓和的含混的细节部分。在1980年之前，美国政府震惊于苏联决定入侵阿富汗，因为，阿富汗的统治者惹怒了苏联政府。在不到两年的时间，苏阿战争以失败告终，苏联从那个不可预知而难以管制的国家撤退。但是，里根将反对共产主义奉为最高原则，因此他对改善美苏关系并不感兴趣；的确，他以武力干涉尼加拉瓜的加勒比海盗、萨尔瓦多以及格林纳达小岛，反对不负责的政府和游击战，尽管他们反对美国，但是他们不能被认为是苏联南部的美国的跳板。1983年，里根又宣布了一项新的防御计划（被美国评论家称为“星球大战”），至少暂时使得美苏解除武装协议成为不可能的事。

但是里根的“邪恶帝国”观念正在动摇，不管他相信或是希望相信。很多迹象表明，他很快不得不改变自己的想法。1985年3月，米哈伊尔·戈尔巴乔夫成为共产党总书记以及苏联总统（他是尤里·安德罗波夫的门徒，后者曾担任苏联驻匈牙利大使，对于匈牙利革命有着异常敏锐的观察能力）。戈尔巴乔夫宣布并继续进行“改革”和“公开性”，前者意味着（对他来说）不可避免的苏联经济的改革，甚至是苏联社会的改革；后者意味着必要的公众舆论的开放。或许更重要的是他确信这些改革的最终成功取决于苏联外交政策的本质性改变，首先就是苏美关系的改变。戈尔巴乔夫掌握政权后不久，越来越多的显示这一倾向的迹象和证据流向了已经开始考虑甚至是欣赏他们的里根那里。由此导致的结果即两位领导人于1985年11月在日内瓦举行的首脑会议。在随后的三年，又举行了其他三次首脑会议。最终，里根与戈尔巴乔夫相处得十分融洽。

这一切标志着美国与苏联之间冷战的结束。但是，比苏美关系改善更为重要的是苏联与其邻国关系的巨大变化，确切地说是结束了分裂欧洲的“铁幕”时期。在戈尔巴乔夫1985年掌权后不久，他奉劝加入《华沙公约》的国家领导人必须在没有苏联的干涉的情况下管理好各自的政事。这种情况变得越来越明显了。两年多后，一党专政在波兰、匈牙利、捷克斯洛伐克开始终结。之后的1989年是一个奇迹之年。这些国家的垄断统治真正地结束了，由此带来的是自由选举。在东欧的其他地方也是：在1989年年底之前，柏林墙被推倒，联邦德国与民主德国重新统一。这一切的进行没有发生任何流血事件（唯一的一个小例外是罗马尼亚）。

戈尔巴乔夫自己公开宣布冷战结束。但他自身的问题并没有结束。他在苏联的政治家以及大多数苏联人民当中是不受欢迎的，因为他们认为，无论正确与否，戈尔巴乔夫对于作为强国的苏联的突然衰退是负有责任的。因为现在正在发生的不只是苏联对于其欧洲邻居统治的结束，而是苏联自身的解体。1991年年初，前波罗的海共和国包括爱沙尼亚、拉脱维亚和立陶宛（1940年，被强制合并到苏联）已经宣布独立。乌克兰、白俄罗斯、摩尔多瓦以及阿塞拜疆也同样宣布独立。一次试图推翻戈尔巴乔夫的尝试失败了。戈尔巴乔夫在圣诞节辞去了总统一职。新总统是鲍里斯·叶利钦，他宣布了苏联的终结和一个全新的俄罗斯的诞生，代表其国家的国旗也不再是红色旗帜而是古老的三色旗帜。

未来的俄罗斯将会发生什么不是本书的讨论范围。苏联解体的影响可能依然十分巨大。在俄罗斯本国内，在历史上存在久远的东方人与西方人、“亲斯拉夫派”与“西化派”的分裂暂时消失。然而，还有一个属于20世纪包括冷战的问题，可能值得一说：经过苏联差不多半个世纪的占领，东欧人几乎没有受到苏联的文化、语言、宗教以及习惯的影响。

与此同时，无论是过去还是现在，西欧与东欧之间的许多差异都继续存在着。

冷战结束了。欧洲大战的世纪结束了。欧洲的分裂结束了。欧洲时代以及欧洲在世界上的首要地位也不复存在了。

第十六章
“大跃进”

◆

第三世界—近东与中东—远东与澳大利亚—非洲—南美与西半球—人民运动

◆

“第三世界”这个词语具有两个意思，一个表示短期的意义，另一个表示长期意义。它的临时用法，尽管目前仍流行，大约出现在1955年，与当年的万隆会议相关，当时亚洲与其他国家的领导人及其发言人公开宣布他们代表着世界上大部分不与美国和苏联两大超级大国结盟，独立发展的群体。这个词语表达了一些非常显而易见的意思，但也有不准确的地方，因为所谓“第三世界”的出现既不是一个统一的实体也不是一个政治上的聚集。但是冷战的结束既没有影响也没有削弱其意义。几个世纪以来，没有人提及“第三世界”。此外，欧洲与俄国扩张，在其他大陆，特别是在非洲建立了殖民地。在世界上的一些国家，例如澳大利亚和新西兰，英国人和爱尔兰人，征服了大量空闲的陆地和成群的岛屿。同时，在南美洲的一些国家，全球被“漂白”的部分依然十分明显，但总的来说，在别处情况并非如此。

在20世纪，欧洲强国在其他大洲的统治不复存在。许多不同种类的新国家在它们离开之后填补了空隙。在南美洲和中美洲，这种情况早在19世纪就已经发生了。在南非，这种情况主要发生在20世纪。在所谓的中东，这样的发展更加复杂。在亚洲的广阔区域，古老的帝国，例如伊朗（波斯）、印度、日本以及中国继续以更新的、中央集权的、转变的方式存在。由此导致的结果之一即由罗斯福提出的一项理念于1945年得以施行成立了一个庞大而多样性的由多国组成的联合国，其总部设在纽约，同时在20世纪末，联合国仍没有什么实权甚至没有什么意义。历史上的“国家”在未来将会发生什么，没有人能够知晓。唯一记得在所谓的现代，至少五个世纪以来，政治和历史的主要手段就是那些国家以及它们彼此之间的战争。这是否在未来将是形成人民的历史的结构，我们无法对此进行回答。

一个能够回答的且具有不确定性的相关问题，即大多数这些国家的起源。追溯这些国家至少是其中一些国家的起源是可能的，“现代”法国、“现代”意大利、“现代”德国等，如果我们指的“现代”是大体在很大程度上意味着，统一的法国或意大利或德国存在的形成有时至少在五个世纪以前，其他情况下，是在不到两个世纪以前的话。在此之前和之后，国家的意识开始填补他们国家的框架。“民族主义”这个词在19世纪之前几乎并不存在；但至少在欧洲，民族国家的理念（或随后的“民族自决”）占据了主导地位。但是民族国家的理念，确切地说真正的民族意识，包括民族自决，它不同于其他的宗教或种族习惯或是部落的认同，直到20世纪的某个时候才出现在亚洲或欧洲。在此之前，一小部分的思想家、作家以及雄心壮志的政治家支持类似的理念，但是没什么或者说根本没有影响。这是“白色”列强殖民统治的结束，而值得注意的例外是，日本引发了亚洲和非洲的民族主义。

在第一次世界大战期间以及之后，民族主义和反殖民主义在近东、印度以及中国渐起。运动的倡导者及领袖人物莫汉达斯·甘地已经出现在印度。越来越多的中国人在看到他们昔日的帝国已经屈服于欧洲强国，特别是屈服于日本时，感到十分震惊和心痛。1917 年，英国开始支持阿拉伯民族主义对抗衰退的奥斯曼土耳其帝国。非洲的地位并没有太多的改变。在那个巨大的陆地上，差不多只有两个独立的国家：位于西部的利比里亚和位于东部的阿比西尼亚（埃塞俄比亚）。1935 年，在两次世界大战之间，墨索里尼入侵并占领阿比西尼亚，并凭借此在东非建立了一个由阿比西尼亚、意属厄立特里亚和索马里组织的巨大的意大利帝国。五年之后，英国及英联邦军队终结了这个帝国。在别的地方，特别是在远东亚洲，第二次世界大战导致了殖民主义的结束。日本人采取了多种方式企图从中获益，并在一些国家以及一些人民当中，产生了持久的影响。

“大东亚共荣圈”是由日本提出的一个口号。在印度尼西亚、缅甸乃至菲律宾，出现了亲日派的民族主义与反殖民主义的“独立”政权；日本也在促进印度的一个民族主义运动，同时在东南亚，出现了一个弱小的印度国民军，但这支军队并从没有像印度一样走得那么远。在第二次世界大战期间，中国存在三大竞争性的政权：与美国和英国紧密联盟的蒋介石，位于重庆；毛泽东领导的共产党人，主要位于中国西北地区；以及受到日本人提拔和支持的汪精卫，位于南京。据说，除了极少数的例外（其中包括汪精卫），亲日派的通敌卖国者在战后并没有经受任何诸如欧洲的亲纳粹派的通敌卖国者所受到的惩罚。举个例子：印度尼西亚的亲日派苏加诺在战争之后立即又继续担任起国家的领导人。总而言之，反殖民主义以及民族主义如今在第三世界的多数国家中已经成为几乎相同的事物。

两次世界大战最为复杂以及持久的影响，以及冷战期间更进一步的复杂事态都发生在“中东”。地理术语也需要做出一些解释。在1945年之前，有“近东”与“中东”两个名词，前者包括印度西部的国家和土地；后者包括印度以及一些远东以西的东南亚。“近东”这个术语如今已经消逝不见了，这可能在地理上令人感到遗憾（尽管在政治方面或许并非如此），因为在过去的60年中，印度的发展与历史已经与印度以西的大多数国家——也就是所谓中东地区，虽然表达不够精确但或许有效——不同了。

中东最重要且持续性的发展早在第一次世界大战就开始了。那就是土耳其奥斯曼帝国的解体。甚至在1914年之前，土耳其的统治及其拥有的大多数统治权就开始衰退了。1917年，英国已经将土耳其排挤出巴勒斯坦以及其他地区；并且他们宣布了所谓的《巴尔福宣言》，在经过近2000年之后，将巴勒斯坦作为犹太人的故乡。在德国投降前的六周，土耳其就向同盟国投降了。土耳其帝国土崩瓦解。然而，这个国家出现了一位民族英雄和拯救者——穆斯塔法·凯末尔，他有能力修复那些至少是那些无意义的有害的损毁，这些损毁是包括希腊在内的同盟国在1920年强加给土耳其的。《色佛尔条约》是在1923年根据《洛桑条约》修订的。当时，凯末尔已经战胜并将希腊人从他们在土耳其的大面积的飞地上逐出，土耳其成为一个牢靠、稳定且几乎单一性的国家，放弃了昔日帝国的大部分的权益。这在历史上是少有的一个例子，毫无疑问，舍弃大的、非本国的区域被证明对母国是有好处的。

如今英国掌握巴勒斯坦，他们必须小心避免使大量的阿拉伯人成为异己。他们试图限制大量犹太人移居到巴勒斯坦。法国成为了叙利亚共和国和黎巴嫩的保护国。所有这一切将在第二次世界大战之后很快结束。在第二次世界大战期间，1941 年，英国不得不与出现在伊拉克的民族主义者进行对抗，最终英军获胜。那年晚些时候，它们与苏联联合废黜了伊朗国王，将其儿子推上了王位。如今，英国和苏联都占有伊朗北部和南部的区域。这些地方成为了美国军备和补给船只去往苏联的重要通道。在 1945 年不久之后，伊朗作为一个短暂插曲的场景预示着冷战的到来。1946 年 1 月，苏联试图分离伊朗西北地区的两个省份，并在此驻军。一年之后，斯大林认为最好还是放弃这个想法。在当时，美国在中东的影响已经远远超过了英国。其中的一个主要因素在于中东特别是伊朗、科威特以及沙特阿拉伯的石油与日俱增的重要性。1940 年至 1950 年，中东国家的石油产量增加了六倍；又过了 10 年，其石油产量达到世界石油产量的一半以上。

1951 年，在伊朗领导人遇刺之后，一位不可思议的政治人物穆罕默德 · 摩萨台强迫伊朗国王任命其为伊朗首相。穆罕默德 · 摩萨台上台后立即将伊朗石油工业国有化，驱逐了之前一直在此经营的英国公司以及它们的专家。1953 年，在艾森豪威尔总统以及美国中央情报局的帮助下，穆罕默德 · 摩萨台政权被推翻，恢复了伊朗国王的权威。美国因此取代了英国传统的支持伊朗独立的首要地位，此外还成为那个国家的主要西方经济伙伴。这并没有什么关系，至少暂时如此。在 20 世纪 50 年代，主要的争端以及麻烦乃至战争发生在曾经被称之为近东的地区，涉及许多的阿拉伯国家和民族（包括埃及）以及以色列。

许多中东地区的阿拉伯人拥有共同的语言以及共同的宗教信仰——伊斯兰教。他们的人口正在快速地增长。然而，他们并没有统一，而且他们试图局部联盟的尝试也以失败告终。因为大量的阿拉伯人口在巴勒斯坦境内，所以他们团结起来反抗以色列。在1945年之后不久，英国人意识到他们在巴勒斯坦/以色列越来越无用武之地了。英国、美国乃至苏联在1947年达成一致，一起向联合国求助，提议将巴勒斯坦分割为两个国家，一个是犹太人的国家，另一个是阿拉伯人的国家。然而，阿拉伯国家不接受犹太国家的存在。1948年5月，英国人从巴勒斯坦撤离。以色列人立刻宣布建立一个犹太国家。阿拉伯国家包括埃及、叙利亚共和国、外约旦、黎巴嫩和伊拉克立刻对以色列发起进攻。尽管阿拉伯国家在数量上占有优势，但以色列却在这场战争中获得胜利。以色列比它的敌人打得更好，因为后者的军队并不统一。最终，出现了一个类似停火的协定，尽管这是一个非常脆弱且并不完全的停火协定。

1948年，美国与苏联两国都支持以色列。这种情况并没有持续太长时间，主要是因为阿拉伯民族主义和民粹主义力量的崛起。1952年，埃及军官推翻了埃及国王法鲁克的君主政体；不久，前陆军上校贾迈勒·阿卜杜·纳赛尔成为埃及总统。他开始接受苏联提供的武器。1956年，他公开宣布苏伊士运河公司的国有化，该公司之前是由法国和英国建立并管理。这些过去的列强的政府已经受到各处的阿拉伯民族主义者的打击和削弱，同时，他们还反对美国国务卿约翰·福斯特·杜勒斯，在经过一阵犹豫后阿拉伯国家决定必须采取坚定立场。他们把以色列列入其计划当中。以色列将在横跨西奈半岛行至苏伊士运河之前停止，而法国和英国的海军和空军力量将袭击苏伊士运河，并从埃及对其进行封锁。这是一场短暂而精彩的战争。苏联威胁要从中进行干涉，但没有什么效果。艾森豪威尔总统从中进行干涉，并起到了相当大的作用。在不到一周之后，以色列、英国以及法国撤退。不到两年之后，一场革命结束了伊拉克曾经的亲英派君主政体。美军逐渐地被派遣到中东地区的各个不同国家。

没有阿拉伯国家愿意接受以色列的存在。以色列与邻国间没有共同协定的边境，唯一存在的是以色列与其邻国之间的停火线。以色列是一个发展势头很好的国家，并且相当繁荣；但其人口数量不到 300 万，而它周围的阿拉伯国家的人口数量至少是以色列的十倍。这些阿拉伯国家形成了一个巴勒斯坦解放组织；但在其他方面，他们并没有联合在一起。1967 年 5 月，纳赛尔威胁要关闭西奈南部的河口，以阻止以色列进行运输，尽管以色列可能并没有过多使用这个河口。以色列人确定这是发起一场先发制人的战争的合适时机。6 月 5 日，他们攻击了埃及，紧随其后又攻击了约旦，然后是叙利亚共和国。在不到六天的时间里，他们击败了各个国家的军队。然后又出现了一次停火。苏联和美国都没有对此进行干涉。如今以色列国获得了相当大面积的领土，但也包括位于约旦河西岸的大量阿拉伯人口，这成为了眼下的和未来的麻烦的源头。

1973 年 10 月，埃及和以色列之间发生了另一场短暂的战争，并最终以平局结束。但与此同时，阿拉伯国家的领导人以及伊朗的领导人意识到，他们拥有另外一个重要的武器，不仅能够增加他们的国家收入，而且还能影响包括美国在内的其他强国。这个武器就是他们控制石油价格的能力。他们开始将石油价格提高了70%。不久，他们又将石油价格提高了三倍。但这里的另一个例子可以说明，即使最根本，最极端的经济和金融问题的影响也并没有人们通常所认为的那么重大。这些新的惊人的财政收入对于产油国的大多数人民的生活或思想并没有带来多少改变。他们的政治革命与他们的民粹主义和民族主义口号及其首领更为重要。利比亚和伊拉克的君主政体已经一去不复返了。更重要的是伊朗的例子。伊朗国王在1979年被革命的伊斯兰教及其阿亚图拉（霍梅尼）打倒。在这个国家中，其国民收入已经增加了两倍，或甚至三倍，数百万的人民如今也都开上了汽车。

一个值得称道的发展，即埃及和以色列在美国总统卡特的安排下，于1979年签署了和平条约。迄今，这是第一个也是唯一一个以色列与阿拉伯邻国签署的此类条约，并且得到纳赛尔的继任者埃及总统安瓦尔·萨达特的赞成。两年之后，萨达特遭到暗杀。1989年，在冷战结束时，中东并没有表现出任何实质性的改变 。民粹民族主义依然是当今的秩序（或是混乱），包括伊朗对美国无意义的、激进的敌意。

由于另一个部落首领消灭了一个可能的亲共产主义统治者，阿富汗国家（不是真正意义上的“中”东）遭到苏联的攻击和入侵；在阿富汗历史上，俄国人不止一次被打败，并随后撤退。之后美国决定派一部分美军前往阿富汗，这又是一个毫无意义的行动。但在当时，冷战以及历史上的20世纪都已经结束了。同样在近东，20世纪的历史始于1914年，但并没有在1989年完全结束。而民粹民族主义在中东依然在继续。

在整个20世纪，苏联和美国横跨巨大的亚洲大陆多数地区，它们

之间并没有发生真正意义上的冲突。在布尔什维克革命和接踵而至的内战的混乱期间，日本企图在1920年获得位于远东苏联的一个重要据点，但随后又撤了回来，究其原因部分在于来自美国的压力。我们已经知道，在1945年，美国与苏联曾暂时结成联盟对抗日本。在朝鲜战争期间，两国都十分小心谨慎避免与对方进行接触。蒙蔽一切的似乎是共产主义与中国这一问题。然而，到了1989年，中国已经在某种程度上成为了美国的一位朋友和一个供应国。除了朝鲜外，遍及远东和东南亚的共产主义政权不复存在。如今亚洲拥有四大势力：中国、印度、复兴的日本以及在北方拥有帝国领地的俄罗斯，由四部分组成的地域秩序与中东或非洲的情况非常不同，同时也不是完全不同于过去的情况。

在冷战初期，中国内战中共产党的胜利似乎改变了一切。突然之间，看起来好像世界上一半的国家变成了红色。然而苏联依然是苏联，中国也还是中国。从冷战开始，两国之间就存在着矛盾冲突。到20世纪50年代结束时，它们之间相互的不信任已十分明显。赫鲁晓夫谴责苏联与中国签署的军事协议；在中国与印度发生边境冲突期间，他公开宣布中国和印度都是苏联的朋友。10年之后，中国和苏联的军队在乌苏里江沿岸至少作战一个月之久。随后，尼克松总统声明中国是美国的朋友，他访问北京，并用双臂拥抱了消瘦蹒跚的毛泽东。尼克松认为他自己是一位打着中国牌的伟大政治家。不久，毛泽东去世，他的继任者主要的目的在于试图使中国（如今这里居住着超过7亿的人口）成为第一流的工业甚至是金融大国。如今，他们将面对这样或那样的情况，而不是政治的反对派。

印度和日本都没有成为共产主义国家。在这两大国，共产主义的吸引力以及共产党的影响非常小。在印度，对以往英国统治时相对的仁慈和好处的记忆是一笔巨大的财富，即使经常不被承认。英国人（与法国人乃至荷兰人不同）在第二次世界大战之后不久就决定接受印度的独立。他们在1947年年初离开印度。聪明的机会主义者，印度政治领袖贾瓦哈拉尔·尼赫鲁协助进行过渡。令人惊讶的是，超过500个不同的印度侯国以及他们的大君对此表示赞同。但是印度半岛的远东部分和东北大部分居住的并不是印度教徒，而是穆斯林。幸运的是，尼赫鲁和穆斯林的领导人穆罕默德·阿里·真纳都注意到他们在一个印度国家内的和平共处是不可能的。因此，巨大的印度半岛部分划分给位于东北地区的穆斯林国家——巴基斯坦；另一部分划分给位于1000英里之外的东南地区的一个更小的穆斯林飞地——孟加拉国。这样的分割导致了数百万人民的迁移和好几万人民的死亡。尽管不完美，但这是一个解决的办法。几十年以来，印度和巴基斯坦争吵甚至在边界作战，特别是在居住着混合种群（主要是穆斯林）克什米尔。1962年，印度与中国之间展开一场小规模战争。

在20世纪60年代，印度和巴基斯坦之间发生了不止一次小型战争。之后，孟加拉国宣布独立，这对于巴基斯坦是一个巨大的损失。印度自己的内部问题十分严重。在大多数情况下，它们涉及语言，因为在印度相当大区域的语言不同于北印度语，尽管也不是完全的不同。代表着分裂或自治的叛乱、地方性起义以及凶残的暴动和运动经常冲击次大陆，危害印度的统一。然而，民主且越来越民粹主义的选举避免了印度的分裂。其不断增长的人口的生活水平得到逐渐的改善也有助益。1966年，英迪拉·甘地（尼赫鲁的女儿）当选为总理。她在位十年，并于1980年再次当选总理；四年之后，她遇刺身亡。她拥有卓越的统治才能，但是却越来越被证明倾向于通过法令来治国。她的儿子，拉吉夫在1984年至1990年期间担任总理职位。冷战以及历史上的20世纪已经结束，而印度的民主选举依然在继续。“希望这能继续下去！”(正如利蒂希娅·波拿巴所说，无论何时当她听说她的儿子拿破仑获得成功时，都会这样说。)

1945年，美国给予日本人最好、最持久的好处就是允许他们保留他们的天皇和参谋，总的来说，就是保留他们的政治秩序。在第二次世界大战以前，日本一直都很成功。在第一次世界大战期间，日本扩大了其影响与势力（举一个例子：1917年，甚至有一队日本驱逐舰在地中海地区）。战争之后，日本在西太平洋和中国扩大了其领地和影响力。英国人认为他们不得不在美国和日本之间做出选择。当然，他们更倾向于选择美国。美国和日本海军最终都不得不考虑太平洋战争。日本人认为他们应该选择：扩张对抗西伯利亚的苏联；至少间接地扩张对抗位于西太平洋的美国；或者向中国的东部和北部进行扩张。在两大强国与之间。日本选择对抗中国。

自1910年以来，日本人在亚洲就拥有一个牢固的据点，换句话说，他们统治着朝鲜。1931年，意识到英国和美国在金融和其他方面的限制，他们便把中国东北地区（伪满洲国）转变为日本的一个卫星国。第二年，他们继续向南深入。到1937年，全面的中日战争开始了。到1939年，中国被完全赶出中国海，基本上，中国海已经成为了日本的海域。第二次世界大战在欧洲爆发一年后，日本与德国和意大利结成三方联盟。英国和美国支持中国。到1940年，日本拥有了一支令人惊叹的陆军和海军力量，遍及远东和亚洲地区。日本建立了世界上最大的战舰。日本现代化的武器是令人惊讶的，虽然，这个国家的钢铁产量是美国钢铁产量的一小部分。（除此之外，日本建造了极好的零式战斗机。）在整个1941年，日本和美国越来越走近战争。我们知道战争的过程：他们谈判的结束、珍珠港事件、日军连续六个月胜利和随后的美国逐渐粉碎日本。

东京的大部分地区被炸成了碎片；广岛和长崎被美国的原子弹摧毁；苏联在战争将要结束时向日本宣战；日本放弃了其在包括朝鲜在内的远东地区的所有在战争中征服的土地。然而，日本及其人民恢复得异常迅速。（其中还包括他们的记忆。他们轻易地就接受了美国的胜利及其对日本的占领，但是他们对于战争前的侵略行为却不肯道歉。）发生在1950年至1953年的朝鲜战争对日本是有益的，究其原因在于美国对由敌人转变而成的盟友在战略上和其他方面的依赖。紧接着是持续的政治稳定，以及极速发展的物质繁荣，除了在20世纪70年代有几年情况有所不同之外。到1989年，历史上的20世纪接近尾声时，日本人均收入比美国要略微高一些。日本人开始增强他们的武装力量（用在这方面的最小花费已经成为了他们成功预算的一个部分）；同时还有一些与中国冲突的迹象，尽管并不是很多。然而，日本与中国的关系可能是21世纪开放式问题中的一个，如果不是主要问题的话。

中国南部和日本东南部的印度支那并没有幸免于冷战。自19世纪末期，这里一直是法国的一个相当繁荣的殖民地；在第二次世界大战期间这里被日本人所占领，在第二次世界大战结束时，它的部分（越南）被移交给了民族主义者、共产主义首领胡志明。法国人试图在战争之后重新恢复他们的权威，并在印度支那的老挝和柬埔寨获得了部分成功，但是他们遇到了对手胡志明和他的游击队。1954年，胡志明和他的游击队在奠边府将法国打败。因为相信“多米诺”理论——根据该理论，任何国家倒向共产主义都将不可避免地导致其邻国倒向共产主义——美国开始派兵至南越共和国。到 1946 年，全部的美国军队驻扎在此地。由于回想起美国的孤立主义，林登·约翰逊总统想要赢得那场战争。但他并未如愿。北越没有被打败，随后是停战协定。到 1975 年，所有先前的印度支那，包括北越和南越、柬埔寨以及老挝都是由共产主义政权统治，尽管没有完全的统一。在它们以南的地区，多米诺骨牌并没有倒下。泰国和马来西亚不是共产主义国家。在马来西亚，英国人可能是最后一次赢得一场艰难的军事胜利，战胜了共产党和游击队，随后他们离开了这个国家。结果即出现了一个独立的马来西亚，以及位于马来西亚南部的另一个城邦国家新加坡。到冷战结束时，美国和越南的关系慢慢趋于正常化。

在两次世界大战当中，世界最南端的大陆，澳大利亚和新西兰是大英帝国勇敢而果断的成员。他们的士兵和海员（有时还有他们的将军）有时给予他们的母国巨大而具有决定性的帮助。直到 1942 年日军靠近澳大利亚西北部，他们没有受到敌军力量的直接威胁，但危险很快消除，主要原因在于美国海军力量的出现。战争之后，在 20 世纪剩余的时间中，澳大利亚主要担心的是前往这片大体上依然十分空旷的大陆的移民。大量的亚洲人与其他的非白种人将要迁移到澳大利亚或新西兰的前景并没有成为现实。在整个冷战期间，民主的稳定性以及新西兰和澳大利亚的繁荣一直在持续，不像它们对两次世界大战的投入，它们在冷战中的参与十分微小。

在 20 世纪（更确切地说：在第二次世界大战之后），最彻底而不祥的改变，包括全球政治、社会以及人种地理学的改变，发生在非洲。这个巨大的陆地并不在两次世界大战的范围之内，北部地区除外，在第二次世界大战期间，英国、德国以及意大利军队曾在利比亚和埃及的最西部进行战斗，而美国也有过很短的一段时间在阿尔及利亚和突尼斯进行战斗。直到 1940 年，几乎整个非洲依然是欧洲列强的殖民地：法国、英国、比利时、葡萄牙、意大利、西班牙（南非联邦属于英联邦自治的一个部分）。埃及有点像英国的一个保护国。非洲的殖民地化相对来讲发生在近期；多数殖民地化发生在 19 世纪的下半世纪。我们已经看到，在 20 世纪初，在非洲只有两个独立或非殖民化的国家：西部的利比里亚（由前非裔美国奴隶创建）和东部的阿比西尼亚。在第二次世界大战结束时，非洲的政治地理还没有发生改变。但是不久，白种人的殖民地将不复存在。它们几乎在各处都是通过残忍的混乱获得成功的。

法国在北非的殖民地与其他殖民地不同。法国人早在 1830 年就已经占领并定居阿尔及尔；50 年后，又占领突尼斯。到 20 世纪，大约有 100 万的法国人（以及意大利人和西班牙人）居住在阿尔及尔，这是非洲唯一有大量白种人存在的地方，除了居住在遥远的非洲南部的那些荷裔和英裔之外。在第二次世界大战之后，法国决心将这些土地和这里的人民作为法国的一部分。经过 15 年的努力，他们最终放弃了。100 万的法国人舍弃了对于他们大多数人来说作为祖传的土地，满怀痛楚地撤回到法国。1958 年再次担任总统的戴高乐将军试图使法国战友有阿尔及利亚，但他认为将不再可能。他在 1962 年承认了阿尔及尔的独立。突尼斯和法属摩洛哥早在六年前也独立了。在漫长的阿尔及利亚战争中，至少有 50 万人民丧生。在 20 世纪 90 年代初，阿尔及利亚爆发了一场血腥的内战。但是曾经的法属北非常常幸免于非洲多数地区遭受到的暴虐与战乱，部分原因是因为他们在独立初期受过法国教育的领导人。

1960 年，比利时和英国（以及法国南部和撒哈拉沙漠以西）交出了它们的殖民地；大约在 14 年后，葡萄牙紧随其后也交出了其殖民地。大约 30 个非洲“国家”立即公开宣布了他们的独立，他们的主权以及他们的新边界。许多这些所谓的国家是沿着人工地理线建立起来的。到 1990 年，大约有 50 个这样的国家存在，包括一些位于印度洋靠近非洲的岛屿，不久后成为了联合国的成员。这些“国家”当中有一些国家彼此之间有过短期的交战。几乎所有的“国家”都被曾陷入内战。但在多数情况下，这些内战都是部落冲突，在内战期间以及内战之后，成千上万的人民被杀害。大多数的战争在“独立”之后就立即发生了，例如，前比属刚果就遭到一场残暴的内战（更确切地讲并不是内战）的蹂躏，这场战争发生在接替的部落首领之间。总结甚至列出这些发生在非洲的战争和大屠杀，可能需要几十页。在 1960 年之后，毫不夸张地讲，非洲大部分地区都陷入混战当中。如今，大多数新成立的非洲“国家”由独裁者和暴君所统治，所有的统治者都是通过原始的军事谋杀手段来获取权力的，为此，传统的词语“政变”显得并不恰当。由约瑟夫 · 康拉德在 19 世纪撰写的《黑暗的心》适用于一个世纪后的非洲大部分地区。

在 20 世纪 70 年代，苏联支持各地的这种暴政，然而这一切并没有持续太长时间。更令人遗憾的是，在里根领导下的美国政策，维护并支持任何宣称自己是反共产主义的非洲政权。（举例来说，在 1981 年或 1982 年，总统在白宫接待了利比里亚的统治者，暴君塞缪尔 · 多伊，在他负责主持的一次公开展示中，他的士兵曾在战时打败并捕获一名政敌，并吃掉了其依然保持温热的部分身体。两年之后，在另一个仪式上，他的下一任统治者，查尔斯 · 泰勒切掉并吃了其对手的一只耳朵。）

在非洲唯一还保持着相当多白种人的地区是罗德西亚和南非。在罗德西亚，白种人建立牢固的防御系统抵抗黑人占多数的统治，但这仅仅只持续了几年时间；不久之后，罗德西亚变为津巴布韦。在之前的南非联盟中，白种人和“有色人种”(混合种族)的占大约30%的人口；总数原荷兰和英国人民保持他们的“种族隔离”（种族分离）制度，这个制度是在第二次世界大战之后由立法通过并得以执行的，但隔离制度没有经过内战最终被解除。如果没有一位了不起的人物，取得和解几乎是不可能的，他就是纳尔逊·曼德拉，一位黑人领袖，在监狱度过四分之一个世纪之后，他联合南非总统弗雷德里克·威廉·德克勒克，同意在南非废止种族隔离并接受少数服从多数原则。这一切发生在1989年以及1989年之后，在历史上的20世纪结束之际。

曼德拉的继任者所做的以及将来做的都不属于这本书的讨论范围。但是，或许这里适合提出一个历史推测。在20世纪末的非洲以及中东，只有两个地方依然保留着相当多的白种人口：位于这个广袤大陆南端的南非；以及相隔千里之外，位于亚洲西岸的以色列。从现在起，再过几百年他们还会依然留在那里吗?

最后，但同样重要的是，我必须转向20世纪的拉丁美洲。“南美洲和中美洲”将会是一个更加恰当的名称；或是“拉丁美洲”虽然不太精确，但却十分生动。这是另外一片巨大的陆地，大概有700万平方英里。西班牙和葡萄牙的探险家甚至早在他们定居北美洲之前，就已经在地图上绘制了拉丁美洲的位置并开始定居于此了。与北美洲不同，拉丁美洲没有大批来自旧世界的移居者。令人惊讶的是，总的来说，经过混沌而不成熟的五个世纪，南美洲和中美洲不断发展且大量混合的种群保持了他们主要信仰的罗马天主教以及西班牙语和葡萄牙语。在1815年之后，法国和美国革命的例子，随后使用的对于小统治阶级的一些人带来了或多或者少的影响。结果即一系列反抗衰弱的西班牙的独立战争在几年之后取得成功。1867 年，墨西哥反抗欧洲帝国的短暂统治并获得独立；巴西保持其由葡萄牙人统治的帝国到 1889 年。过了几年后，古巴反抗西班牙，并在美军的支持下于 1898 年取得半独立。

在第一次世界大战期间，巴西派遣了一小支军队在欧洲与美、英两国作战。在两次世界大战之间，英国在南美洲的存在和影响被美国取而代之。在第二次世界大战中，阿根廷是中立国；在 1945 年 10 月（令人感到奇怪的是，在德国再次被打败之后）曾担任阿根廷总统十二年的胡安 · 贝隆表现得十分亲德。然而，对于美国的依赖仍然是一个主要的因素，特别是在南美洲。在中美洲，情感与政治趋于不同。在 20 世纪 20 年代末至 30 年代的墨西哥，由一个极端的反天主教和反美政党统治，除此之外，他们还试图没收美国在墨西哥的石油所有权；幸运的是，墨西哥和美国之间并没有发生武装冲突（除了在第一次世界大战期间的一些位于两国边界处的袭击之外）。墨西哥频繁的政治混乱终于在 1939 年之前平息下来。拉丁美洲的城市发展十分迅速。到了 20 世纪末，墨西哥城拥有 1900 万人口，里约热内卢拥有 1000 万人口，布宜诺斯艾利斯拥有 1100 万人口，而大量的本土乡村居民（以及许多位于市区中心的居民）依然十分贫穷。

在 19 世纪和 20 世纪的拉丁美洲各国，几乎很少爆发战争。南美洲也没有战争，仅有发生在中美洲国家之间的两场可笑的微型战争（洪都拉斯对尼加拉瓜，以及洪都拉斯对萨尔瓦多，后者的爆发是由于一场足球赛）。但是冷战的确牵涉一些拉丁美洲的国家，更确切地说是牵涉他们的野心勃勃的领导人。不管他们声明什么，其中所包含的基本情绪与其说是资本主义与共产主义间的敌意，不如说是反美情绪。美国政府以及美国中央情报局并不这么认为：他们担心共产主义的危险以及苏联对这些国家和领导人的支持。然而，一些证据可以证明后者的担心，虽然并不是很多。因此，在其他一些中美洲国家的帮助下，美国中央情报局在 1954 年推翻了危地马拉的统治者，同时在 1973 年促使通过自由选举产生的智利总统萨尔瓦多 · 阿连德被免职并身亡。当然，更严肃的是关于古巴的问题。1959 年，古巴的独裁者巴蒂斯塔被前任游击队领袖菲德尔 · 卡斯特罗战胜。如今，卡斯特罗想要向远在地球另一端的苏联寻求帮助。我们已经看到所有这一切是如何发展成为苏美关系当中的一个的危机：在美国的帮助下，偏袒而犹豫不决的美洲人试图打倒卡斯特罗；1962 年，后者决定将苏联的防御导弹装船运送到古巴；苏联突然撤回。卡斯特罗在身体和精神方面的状况都不佳。美国慎重地选择不入侵古巴。（美国于 1965 年派兵前往古巴的邻国，多米尼加共和国；1983 年前往小小的加勒比海岛国格林纳达；1989 年前往巴拿马。）

1982 年，发生了一场奇怪、片段式的战争。作为一名军人的阿根廷总统，列奥波尔多 · 加尔铁里大概是为了加强民族主义和民粹主义对他的支持，决定入侵并占领马尔维纳斯群岛，该岛是英国位于南大西洋的一个单独的领地，阿根廷不时提出对它的主权要求。英国对此做出回应：击沉一艘或两艘阿根廷战舰；并在一个月后再次占领马尔维纳斯群岛。加尔铁里离开了。阿根廷的民粹主义和民族主义却依然存在。

在整个 20 世纪的下半叶，许多乃至大多数的拉丁美洲国家被军事独裁者所统治。巴拿马的独裁者，曼纽尔 · 诺列加就是其中最糟糕而可笑的一个例子。在很大程度上来讲，他是一个毒品走私犯。在 1989 年 12 月底，他向美国宣战。美国海军陆战队进入巴拿马，并在十天内打倒了曼纽尔 · 诺列加。起初，他在梵蒂冈公使馆避难；美军在其附近播放震耳欲聋的摇滚音乐让他发狂，这并不困难。三天后，诺列加就投降了，于是他被带到佛罗里达州审讯并被判入狱 40 年。所有这一切发生在 1989 年的最后几天，在冷战结束时，同时也是历史上 20 世纪的末端。

即使不是大多数，但是一些读者可能已经对于我在之前章节对于所谓的第三世界当中糟糕而可鄙的独裁专政的讽刺和否定感到印象深刻或震惊。他们的统治者确实存在问题，并且他们将继续存在问题。但是“否定”一词并不是非常正确。我所关心的，以及我所应该关心的是这些统治者的观点。位于西欧或北美洲的我们不应该断言我们的传统是理所当然的，或自以为是地认为我们的传统优于那些非洲、中东或中美洲和南美洲人民的传统。“民主”高于“统治”，人类是平等的，无论我们是否意识到，民主都在前进。我相信这是上帝的旨意。我并没有期望我所有的读者都能如此认为。然而我希望大多数读者能够看出世界的民主化已经在进行，并且在某种程度上，这是一种进步而非倒退。民粹主义和民族主义是民主主义最糟糕（可悲的是，也是最强大）的组成部分。民粹主义和民族主义是否将永远压倒民主主义，我无法预知。我不得不说的是，即使是第三世界最可怜、最堕落的人民也是我们的兄弟姐妹。

民主主义激励着许多人向前进。较为贫穷的人民向世界更繁荣地区的迁移与日俱增，特别是自 20 世纪 60 年代以后。这种迁移已经影响到很多西欧和南欧的国家，尤其是在美国，大多来自墨西哥的移民，到 1990 年数量已经占到加利福尼亚州和得克萨斯州人口总数的 25% 甚至 30% 了。大部分的移民都是非法的。由于受地理条件的限制，停止乃至控制移民是非常困难的事情。直到最近，美国的各类移民的后代的同化与融合都十分成功。这种情况是否将会盛行，没有人能知晓。无论这些国家的边界可能会发生什么，也就是说，随着全球政治地图的改变，其人口统计图也正在改变，并将继续改变。一切迹象都表明人类的迁移在 21 世纪将继续进行。

第十七章

人类知识的局限性

◆

一个过渡的世纪—继承—积极的成就—技术—对一些技术应用失去了热情—文化与文明的衰退—科学决定论的缺点；散乱的认知—我们和我们的地球：再次位于宇宙的中心

◆

20 世纪是一个过渡的世纪。当然，在其他两个世纪之间的每一个世纪都是如此，但是 20 世纪也是两个伟大时代的过渡：所谓的现代与紧随其后的时代之间的过渡。类似的情况在 16 世纪和 17 世纪曾发生过：从中世纪到当代的过渡，尽管直到 1700 年这些名称（特别是后者）不复存在了。为现在的这个时代附加一个形容词、一个名称还需要很长一段时间。对此进行推测则毫无意义。无论是单独一个人的生活抑或是整个国家的生活，更别说是整个大陆了，历史从来都不是断片的。尽管如此，我们可能尝试对于刚刚发生在过去的这个世纪的巨大变化进行一些概括，因为这些变化（以不同的方式）已经影响到全世界各个不同群体的人民了。首先，人类平均的寿命增加了。一些由来已久的疾病彻底被遏制或乃至消除。与历史早一些时候相比，现在越来越多的孩子能够去上学。英语越来越普遍地成为第二语言，这是一个令人惊讶的全球性发展。先前难以想象的通信的迅速发展以及之后更无法想象的海量信息已经呈现在了数以亿计的人面前。无论是记载或没有记载的饥荒比以往任何时候都更加少见。20 世纪的一些饥荒却是人为造成的，诸如独裁专政或社会动乱。同样的，1914 年至 1989 年期间有数百万人的死亡也是由于战争、内战、革命、迫害以及杀戮等人为因素造成的。所有这一切中大部分是由现今的技术促使其成为可能的。20 世纪的一些技术专长超越了在此一个世纪前几乎所有的预测，包括诸如将人类送往太空并使其能够在月球表面行走这样的成就。当然，也有对于世界技术化令人怀疑的一面，这个话题我们将在随后进行讨论。

数十亿的人民，可能至少全世界一半的人民，他们的经济状况在 1989 年较之于 1914 年时他们的祖先要好很多。然而，他们是否比他们的先辈生活得更加快乐，没有人能够知道；的确，没有人能够对此进行推测，我们（或他们）时代的历史学家、社会学家、心理分析学家、营养学专家或激素专家，甚至最敏感的思想家和作家，他们都不能对此做出推测。

一个世纪不是突然开始（或结束）的。在很多方面，19 世纪的生活，包括它的物质情况或乃至其思维习惯已经渗入 20 世纪的生活当中，并将存在很长一段时间。在这些前进的进程当中，最重要的一项就是世界的民主化。的确，社会的差异正在溶解，几乎达到消失的程度。几乎各处，或多或少的传统贵族的影响力乃至其存在都已消失不见。当然，贫富的两极化甚至存在于最先进的民主化区域，但社会“阶层”与越来越少人的生活有关。越来越可接受而毋庸置疑的是民主理念，或更确切地说是人民主权论。对大多数来讲，后者意味着民粹主义和民族主义的吸引力。很少人理解民粹主义并不是自由主义，而且民族主义也不同于爱国主义。

平行的民主主义理念和自由主义理念都属于19世纪，并继续深入到20世纪。但是，在第一次世界大战后不久，西欧、英国乃至美国的自由民主的理念与实践在欧洲的多数国家变得不再受欢迎（更不用说在拉丁美洲了）。其中一个令人震惊的例子就是希特勒的崛起，以及在他之前的墨索里尼，他们在欧洲受到广泛的欢迎；然而，第二次世界大战却使他们及其政权走向了终结。但是英国的丘吉尔、美国的罗斯福，当然还有苏联的斯大林，他们的成功并不意味着19世纪的自由民主理念和实践的复苏。在20世纪末的很久之前，“自由主义”在美国以及其他如今传统的民主国家当中（以及1989年之后，在西欧的大多数国家当中）常常是一个不受欢迎的形容词。在20世纪末的很久以前，传统的政治形容词“自由”以及“保守”失去了它们的大多数意义，虽然这些词语，特别是后者开始被“反自由”的人们错误地使用。

在温德尔·贝里的著作中，他表达了深刻的智慧：“代替‘自由’与‘保守’，或是人们划分左派与右派，一种新的分类正在产生：把自己看作机器的人和把自己看作生物的人之间。”[1]

同样，在托克维尔在180年前在其著作《论美国的民主》的很少有

[1] 与戈培尔发表在1939年2月《德国技术》（*Deutsche Technik*）期刊的内容相比：“资本家与技术是不相容的并对技术怀有敌意；怀疑论者相信，欧洲文化根基的倒塌取决于此。国家社会主义已经懂得如何获取没有灵魂的技术框架并用我们时代的韵律和脉冲将其填满。”

人会读到的第二卷中写道（这里由亨利 · 里夫翻译）：

> 由于巴巴利亚武士的侵略导致了古罗马文明的灭亡，或许我们太容易认为文明不可能以任何其他的方式灭亡。如果指引我们的光亮被熄灭，它将逐渐减少并最终结束自己。过分遵循纯粹的应用技术，原则将被丢弃；同时，当原则被完全遗忘时，由其衍生而来的方法将几乎无法继续使用。新的方法不再被创造，没有智慧，也没有艺术，人们将继续应用不再被理解的科学程序。

或许，早在 150 年前，伟大的雅各 · 布克哈特做了一个惊人的预测："来自民主的突然改变将不再导致个人的统治，而是一个军甚至团的统治。与此同时，通过民主的改变，方法也许可以为那些没有心的、最可怕的暴君所用。"民主人士所未知的技术方法，在这些非个人的战争手段中越来越多地被采用。在美国世纪结束之后，一个主要的问题是，事实上美国并没有像数百万的美国人民以及他们的许多政治家不假思索相信的那样无所不能。

尽管如此，历史从来不是断片的。我将从人们正在开始怀疑技术的第一个迹象结束这本小书，他们通常没有意识到，但它确实存在。在这本书的最开始，我提出，或许特别是在民主的时代，最决定性的事件并不是物质条件而是精神状态：人们在思考什么以及人们如何思考。在 20 世纪期间，许多有关的迹象都并不令人感到鼓舞。给"文化"与"文明"下定义，或区分两者都是困难的，甚至是不可能的。然而，文化与文明的标准（以及潮流）已经降低至如此的水平，我们可能最终看

到对其产生的某种反作用。

所有这一切都是推测；并不是从一个现在与过去交替的世纪中采集到的记录。我们在艺术当中找到一点证据。人们常说，艺术家是人类的触角，但即使最敏感的触角也不是一个完全独立的、脱离背景和环境的工具。与更早一些世纪的作品相比，建筑、绘画、文学以及音乐的新风格都是短暂的，其中大多数都没什么结果。当然，也有例外，如同在一个黑漆漆的人造世界中的一丝微弱亮光。

尽管如此，我们可能也察觉到一些对于技术的无限尊崇的病态热情的最初迹象。在19世纪末，存在有无数的书籍、文章以及其他表现对于技术的未来充满无限乐观，令人喘不过气地预示着技术的众多好处。在20世纪末，诸如此类的情况几乎不复存在。

我是一名历史学家，而不是一名预言家。所以我将简略提及20世纪（以及更早时候各处）一种新的思想趋势开始出现的迹象，并以此结束本书。其中重要的证据即越来越多的人意识到，从核爆炸到基因操作，技术都能够引发大灾难。另外一个较不广为公认的要素，即人们正在承认科学决定论的缺点——对机械式因果关系的依赖（正如亚里士多德所说，这是人类因果关系的多样性之一）；科学决定论坚持无根据地相信同样的原因必然导致同样的结果；该理论不愿意理解，事实上它也不愿意看到人的意识干涉并改变这些因果关系。

这种意识的初步证据已经在从艺术学到物理学的各个领域显而易见，承认人类通过观看行为参与其中；在磨炼中领悟我们所具备的重要知识只不过是我们通过我们的观察参与到物质世界的结果。一个早期的例子是关于印象派画家的作品，他们的艺术取决于参与。“现实”也许是表面的，但是它完全取决于画家所看到的。一幅印象派绘画表明了这一切；画家必须阐明（“净化”），就这个动词的原义是，我们如何看到以及看到什么。所以印象派并不是一个衰落的征兆，而是一种意识的出现。当然，这些画家并不知道其中的历史意义，但这些印象派画家领先于量子物理学大约半个世纪。（此后，在20世纪，出现了诸如立体派和其他抽象派艺术形式，以及物理学的弦理论的发展。退化是可怕的，但它将不再持续下去。）

当时，在20世纪20年代（正如我之前所述，“唯一的现代十年”，见第5章），对于事物本身的研究有了深刻的进步。在原子裂变以及亚原子世界本质的研究当中，伟大的物理学家诸如维尔纳·海森堡与尼尔斯·玻尔用公式表达了闻名于世的不确定性原则，该理论表示我们能够知道并看到的原子粒子与我们对其的“观测”的干涉是不可分开的，同时，这些原子粒子也无法被我们对其“观测”的干涉所改变。认知者不能与已知者分离。同时，还包含着一个更大而更深刻的意义：在我们小小而温暖的星球上，我们（再次还是重新？）位于宇宙的最中心。无论是过去还是现在，宇宙都不是我们的创造物。但是生活在地球上的我们人类已经创新了宇宙，并将继续不时地对其进行创新。

发生在大约20世纪最初十年的这种认识应该被列为该世纪最重要的成就之一，尽管包括大部分的物理学家在内，很少有人意识到它的重要性。不论怎样：它将产生各种各样的结果。称其为新的人道主义是错误的，因为旧的人道主义起因于人类知识及其应用具有无限可能性的信念。我们对于20世纪的认知，无论多么散乱，多么毫无意识，一定不是来自人类的傲慢而是来自人类的谦逊。或许我们承认我们在宇宙中的重要位置，与承认我们知识的局限性并没有限制我们，反而充实了我们，这两者同样的重要。

索 引